КЛАСС!ное

А.Н. Толстой

ЗОЛОТОЙ КЛЮЧИК, ИЛИ ПРИКЛЮЧЕНИЯ БУРАТИНО

Книга для чтения с заданиями
для изучающих русский язык как иностранный

B1

РУССКИЙ ЯЗЫК
КУРСЫ

МОСКВА
2021

УДК 811.161.1
ББК 81.2Рус-96
Т52

Адаптация текста, комментарий: *Еремина Н.А.*
Задания: *Старовойтова И.А.*

Т52 **Толстой, А.Н.**
Золотой ключик, или Приключения Буратино: Книга для чтения с заданиями / А.Н. Толстой. — М.: Русский язык. Курсы, 2021. — 160 с. (Серия «КЛАСС!ное чтение»)
ISBN 978-5-88337-965-8

В книге представлена сказка «Золотой ключик, или Приключения Буратино» известного русского писателя XX века А.Н. Толстого.

Эта сказка о невероятных приключениях деревянного мальчика по имени Буратино и его друзей из кукольного театра ужасного Карабаса Барабаса.

Буратино узнаёт тайну золотого ключика, и герои сказки попадают в чудесную страну...

Текст произведения адаптирован (B1), сопровождается комментарием, заданиями на понимание прочитанного и на развитие речи. В книге приводятся наиболее интересные факты из жизни А.Н. Толстого.

УДК 811.161.1
ББК 81.2Рус-96

В оформлении обложки использован рисунок Т.А. Ляхович

ISBN 978-5-88337-965-8 © Издательство «Русский язык». Курсы, адаптация текста, комментарий, задания, оформление, 2021

Содержание

Предисловие 4
Алексей Николаевич Толстой 5
**Золотой ключик, или
Приключения Буратино** 13
Комментарий 131
Задания 136

Предисловие

Эта книга включена в серию «КЛАСС!ное чтение». В серию вошли произведения русских классиков, а также известных современных писателей. Тексты произведений адаптированы с расчётом на разные уровни обучения РКИ (А1, А2, В1, В2, С1).

В данном издании представлена сказка «Золотой ключик, или Приключения Буратино» известного русского писателя XX века А.Н. Толстого.

Эта сказка о невероятных приключениях деревянного мальчика по имени Буратино и его друзей из кукольного театра ужасного Карабаса Барабаса.

Буратино узнаёт тайну золотого ключика, и герои сказки попадают в чудесную страну...

В книге приводятся наиболее интересные факты из жизни А.Н. Толстого. Текст сказки адаптирован (В1). Перед текстом помещён список слов, значение которых можно проверить в словаре (если они вам незнакомы). После произведения дан комментарий (в тексте обозначен *), а также предлагаются вопросы и тестовые задания на понимание прочитанного, на развитие речи и задания, помогающие повторить грамматические формы, актуальные для данного уровня обучения. Контрольная матрица дана в конце книги.

Издание адресовано детям соотечественников, проживающим за рубежом, детям-билингвам, а также учащимся национальных школ.

Эта книга будет полезна всем, кто хочет совершенствовать свой русский язык.

Алексей Николаевич Толстой

(1883–1945)

Алексей Николаевич Толстой — известный русский писатель, поэт, сценарист, общественный деятель.

Будущий писатель родился в 1883 году в городе Николаевске (ныне г. Пугачёв) Саратовской области*. Сын графа* Николая Толстого и детской писательницы Александры Бостром.

Получил домашнее начальное образование. В 1897 году семья переехала в Самару*, где он поступил в училище. После его окончания в 1901 году уехал в Санкт-Петербург и поступил в Технологический институт на отделение механики.

В 1907 году учился в Художественном училище. В 1908 году был опубликован его первый рассказ «Старая башня», в 1911 году — книга стихов «За синими реками».

В Первую мировую войну* с 1914 по 1916 год Толстой работал военным корреспондентом газеты «Русские ведомости». В этот период были опубликованы произведения: рассказы «На горе» (1915) и «Прекрасная дама» (1916), пьесы «Касатка» (1916), «Нечистая сила» (1916) и др.

В 1919 году писатель эмигрировал во Францию, с 1921 года жил в Германии.

В эмиграции были написаны: роман «Сёстры» (1922), повесть «Детство Никиты» (1920–1922), фантастический роман «Аэлита» (1922–1923).

В 1923 году Алексей Николаевич вернулся в Россию.

В 1920-х годах опубликовал пьесу «Бунт машин» (1924), рассказы «Чёрная пятница», «Мираж» (оба 1924), «Голубые города» (1925), романы «Похождения Невзорова, или Ибикус» (1924–1925), «Гиперболоид инженера Гарина» (1925–1927) и др.

С 1936 по 1938 год Толстой возглавлял Союз писателей СССР*.

В 1936 году была издана его книга для детей «Золотой ключик, или Приключения Буратино».

В годы Великой Отечественной войны* Толстой выезжал на фронт, стал писать статьи и очерки о подвигах русских людей на фронте, печатался в газетах «Правда», «Красная Звезда», журнале «Красноармеец».

В течение шестнадцати лет Алексей Николаевич Толстой работал над историческим романом «Пётр I*» (1929–1945), в 1941–1943 годах была написана драматургическая дилогия «Иван Грозный*».

Алексей Николаевич Толстой создал за свою жизнь много произведений как для взрослых, так и для детей.

Сказка «Золотой ключик, или Приключения Буратино» впервые была издана в 1936 году и сразу стала любимой книжкой детей. Идея написать отдельную сказку пришла А.Н. Толстому во время работы над переводом сказки К. Коллоди* «Приключения Пиноккио. История деревянной куклы» (1883). По сказке А.Н. Толстого «Золотой ключик, или Приключения Буратино» в России поставлены кукольные и классические спектакли, опера, балет, созданы фильмы и мультфильм, а название «Золотой ключик», как и имя главного героя — Буратино, стали нарицательными. Сказочный мир и герои А.Н. Толстого созданы настолько живо и ярко, что у сказки о Буратино каждый год появляется много новых юных почитателей.

Если эти слова (в тексте они выделены) вам незнакомы, посмотрите их значение в словаре.

Арестова́ть

Ба́бочка
балова́ться
бараба́н
барсу́чий, барсу́к
ба́шня
безобра́зие
беспризо́рный
бой
броди́ть
бры́згать
бык

Верёвочка
визжа́ть
виногра́дник
ви́нтик
возмужа́ть
во́йлок
вонзи́ть
ворова́ть
воро́на
ворча́ть
воскли́кнуть
восто́рг
врать
восхище́ние
всплесну́ть
всхли́пывать
вцепи́ться
вы́пуклый

вы́пучить

Гли́няный
гнило́й
гну́сный
голова́стик
го́рдо
гребёнка
гро́хот
гу́сеница

Декора́ция
дичь
до́хлый
драгоце́ннейший,
    драгоце́нный
дразни́ть
дра́ный
дребезжа́ть
дуб
дубо́вый

Ежеви́ка

Ёж

Жа́ба
жа́лить
жесто́ко
жестяно́й
жира́ф
жук
жу́лик

Забо́р
за́висть
задрожа́ть, дрожа́ть
замаскирова́ть
за́навес
заря́
засу́нуть, су́нуть
затрепета́ть, трепета́ть
затя́вкать, тя́вкать
зашлёпать
защити́ть
за́яц
зигза́г
змеи́ный, змея́

Изгородь
издева́ться
ика́ть
испуга́ться
исцара́панный

Камы́ш
карто́нный, карто́н
кладова́я
клева́ть
кле́ить
кле́щи
клочки́, клочо́к
клубо́к
клю́нул
кля́кса
кля́сться
колду́н
ко́локол

колоти́ть
колю́чий
кома́р
комо́чек
компре́сс
коре́нья
корзи́ночка
коро́ва
ко́ршун
костёр
кочерга́
ко́чка
крокоди́л
крот
кро́ткая
кружевно́й
крыльцо́
кры́са
кули́сы, кули́са
кудря́вый
кузне́чик
ку́ча

Лазо́ревый
ла́сточка
ле́бедь
лгун
лиа́на
ли́па
лохмо́тья
лужа́йка
любе́знейший
лягу́шка

Маха́ть
ма́ятник
мо́лния
молото́к
мохна́тый
мра́мор
му́дрый
мураве́йник
мути́ть
муче́ние
мышь

Насеко́мый
наха́л
негодя́й
несправедли́вость,
    справедли́вость
ни́щий
нора́
носоро́г
ныря́ть

Оби́женно
обма́нывать
ободра́ть
обры́в
огоро́д
овца́
огорча́ться
окре́стность
опу́шка
оса́
отма́хиваться
отча́яние

Павли́н
(за) па́зуху
па́кля
па́ника
пау́к
песка́рь
пия́вка
плут
плю́шевый, плюш
погиба́ть
пого́ня
погрози́ть, грози́ть
подва́л
подзаты́льник
подми́гивать
поле́но
полотня́ный
поперхну́ться
посе́ять, се́ять
похи́щено
почте́ннейший
превосхо́дный
презри́тельно
пресле́довать
(на) при́вязи
приключе́ния
приса́сываться
проворча́ть, ворча́ть
проде́лки
прокля́тый
промча́ться, мча́ться
пропа́сть
пропища́ть, пища́ть

пруд
пу́дриться
пусты́рь
пустяко́вый
пья́ница
пыльца́

Разбо́йник
ра́мпа
раска́иваться
расправля́ться
распу́хнуть
расстава́ться
реве́ть
ро́ща
руга́ться
руче́й
рыда́ть
рыть
рыча́ть

Са́жа
сачо́к
сверкну́ть
сжечь, жечь
свире́пый
си́зый
сирота́
скве́рный
скворе́ц
скорлу́пка, скорлупа́
скри́пнуть
смоли́стый, смола́
сморчо́к

смо́рщиться,
    мо́рщиться
сова́
совеща́ться
соро́ка
сосно́вый, сосна́
стели́ться
столя́р
стона́ть
страх
стриж
стрекоза́
строга́ть
стру́жка
суеве́рный
суро́во
сы́щик

Та́йна
тарака́н
теле́жка
топо́рик, топо́р
тря́почный
тю́левый, тюль

Уголь
уда́в
уж
умоля́ть
уткну́ться
утону́ть, тону́ть

Фарфо́ровый, фарфо́р
фе́льдшер

11

фле́йта

Хло́пать
холм
холст
хва́статься
хра́брый
храпе́ть
хрома́ть

Черда́к
черепа́ха
чула́н
чушь

Шалу́н

шара́хнуться
шарлата́н
шата́ться
швырну́ть
шевели́ться
(за) ши́ворот
шипе́ть
ши́шка
шмель

Щекота́ть
щёлкать
щипа́ть

Яма
я́стреб

Золото́й клю́чик, и́ли Приключе́ния Бурати́но

Столяру́ Джузе́ппе попа́лось под руку́ поле́но, кото́рое пища́ло челове́ческим го́лосом

Давны́м-давно́ в городке́ на берегу́ Среди́земного мо́ря жил ста́рый *столя́р* Джузе́ппе, его́ зва́ли *Си́зый* Нос.

Одна́жды ему́ попа́лось *поле́но*, обыкнове́нное поле́но, кото́рым *то́пят* оча́г в зи́мнее вре́мя.

— Неплоха́я вещь, — сказа́л сам себе́ Джузе́ппе, — мо́жно сде́лать из него́ но́жку для стола́...

Джузе́ппе наде́л ста́рые очки́, поверте́л в руке́ поле́но и на́чал его́ *строга́ть топо́риком*.

Но то́лько он на́чал строга́ть, чей-то необыкнове́нно то́ненький голосо́к *пропища́л*:

— Ой-ой, поти́ше, пожа́луйста!

Джузе́ппе сдви́нул очки́ на ко́нчик но́са, стал огля́дывать мастерску́ю* — никого́...

Он загляну́л под верста́к* — никого́...

Он посмотре́л в корзи́не со *стру́жками* — никого́...

Он вы́сунул го́лову за дверь — никого́ на у́лице...

«Неуже́ли мне показа́лось? — поду́мал Джузе́ппе. — Кто бы э́то мог пища́ть?..»

Он опя́ть взял топо́рик и опя́ть — то́лько уда́рил по поле́ну...

— Ой, бо́льно же, говорю́! — пропища́л то́ненький голосо́к.

На э́тот раз Джузе́ппе о́чень испуга́лся. Он осмотре́л все углы́ в ко́мнате, зале́з да́же в оча́г.

— Нет никого́...

«Мо́жет быть, у меня́ звени́т в уша́х?» — поду́мал Джузе́ппе...

— Ой, ой, ой, ой! — сно́ва запища́л то́ненький голосо́к...

Джузе́ппе сел на́ пол: он догада́лся, что то́ненький голосо́к шёл изнутри́ поле́на.

Джузе́ппе да́рит говоря́щее поле́но своему́ дру́гу Ка́рло

В э́то вре́мя к Джузе́ппе зашёл его́ стари́нный прия́тель, шарма́нщик* по и́мени Ка́рло.

Когда́-то Ка́рло в шля́пе с широ́кими поля́ми ходи́л с прекра́сной шарма́нкой по города́м и пе́нием и му́зыкой зараба́тывал на жизнь.

Сейча́с Ка́рло был уже́ стар и бо́лен, и шарма́нка его́ давно́ слома́лась.

— Здра́вствуй, Джузе́ппе, — сказа́л он, зайдя́ в мастерску́ю. — Что ты сиди́шь на полу́?

— А я потеря́л ма́ленький *ви́нтик*... Да ну его́! — отве́тил Джузе́ппе и посмотре́л на поле́но. — Ну а ты как живёшь?

— Пло́хо, — отве́тил Ка́рло. — Всё ду́маю — чем бы мне зарабо́тать на жизнь... Хоть бы ты мне помо́г, посове́товал бы что́-нибудь...

— Это про́сто, — сказа́л ве́село Джузе́ппе и поду́мал про себя́: «Отда́м-ка я сейча́с ему́ э́то поле́но». — Ви́дишь — лежи́т на верстаке́ *превосхо́дное* поле́но, возьми́-ка ты э́то поле́но, Ка́рло, и отнеси́ домо́й...

— Э-хе-хе, — отве́тил Ка́рло, — что же да́льше-то? Принесу́ я домо́й поле́но, а у меня́ да́же и очага́ в камо́рке* нет.

— Я тебе́ де́ло говорю́, Ка́рло... Возьми́ но́жик, вы́режь из э́того поле́на ку́клу, научи́ её говори́ть вся́кие смешны́е слова́, петь и танцева́ть, да и носи́ по двора́м. Зарабо́таешь на кусо́к хле́ба и стака́нчик вина́.

В это вре́мя на верстаке́, где лежа́ло поле́но, пи́скнул весёлый голосо́к:

— Бра́во, прекра́сно приду́мано, Си́зый Нос!

Джузе́ппе опя́ть *задрожа́л* от *стра́ха*, а Ка́рло то́лько удивлённо огля́дывался — отку́да го́лос?

— Ну, спасибо, Джузеппе, что посоветовал. Давай твоё полено.

Тогда Джузеппе схватил полено и поскорее дал его другу. Но полено вдруг само подскочило и стукнуло Карло по голове.

— Ах вот какие твои подарки! — *обиженно* крикнул Карло.

— Прости, дружище*, это не я тебя стукнул.

— Значит, я сам себя стукнул по голове?

— Нет, дружище, — должно быть, само полено тебя стукнуло.

— *Врёшь*, ты стукнул...

— Нет, не я...

— Я знал, что ты *пьяница*, Сизый Нос, — сказал Карло, — а ты ещё и *лгун*.

— Ах ты — *ругаться*! — крикнул Джузеппе. — Ну-ка, подойди ближе!..

— Сам подойди ближе, я тебя схвачу за нос!..

Оба старика начали наскакивать друг на друга. Карло схватил Джузеппе за сизый нос. Джузеппе схватил Карло за седые волосы.

Наконец старики устали. Джузеппе сказал:

— Давай помиримся...

Карло ответил:

— Ну что ж, давай помиримся...

Старики поцеловались. Карло взял полено под мышку и пошёл домой.

Ка́рло мастери́т деревя́нную ку́клу и называ́ет её Бурати́но

Ка́рло жил в камо́рке под ле́стницей, где у него́ ничего́ не́ было, кро́ме краси́вого очага́ — в стене́ напро́тив две́ри.

Но краси́вый оча́г, и ого́нь в очаге́, и котело́к*, кипя́щий на огне́, бы́ли не настоя́щие — нарисо́ваны на куске́ ста́рого *холста́*.

Ка́рло вошёл в камо́рку, сел на еди́нственный стул у безно́гого стола́ и, поверте́в поле́но, на́чал ножо́м выреза́ть из него́ ку́клу.

«Как бы мне её назва́ть? — разду́мывал Ка́рло. — Назову́-ка я её Бурати́но. Это и́мя принесёт мне сча́стье. Я знал одно́ семе́йство — всех их зва́ли Бурати́но: оте́ц — Бурати́но, мать — Бурати́но, де́ти — то́же Бурати́но... Все они́ жи́ли о́чень ве́село...»

Внача́ле он вы́резал на поле́не во́лосы, пото́м — лоб, пото́м — глаза́...

Вдруг глаза́ са́ми раскры́лись и посмотре́ли на него́...

Ка́рло не стал пока́зывать, что испуга́лся, он то́лько ла́сково спроси́л:

— Деревя́нные гла́зки, почему́ вы так стра́нно смо́трите на меня́?

Но ку́кла молча́ла — наве́рное, потому́, что у неё ещё не́ было рта. Ка́рло вы́стругал щёки, пото́м вы́стругал нос — обыкнове́нный...

Вдруг нос сам начал вытягиваться, расти, и получился такой длинный острый нос, что Карло даже вскрикнул:

— Нехорошо...

И начал резать у носа кончик.

Нос вертелся, выворачивался, так и остался — длинным-длинным, любопытным, острым носом.

Карло принялся за рот. Но только успел вырезать губы — рот сразу открылся:

— Хи-хи-хи, ха-ха-ха!

И высунул из него узкий красный язык.

Карло, уже не обращая внимания на это, продолжал стругать и вырезать. Сделал кукле подбородок, шею, плечи, туловище, руки...

Но только он окончил выстругивать последний пальчик, Буратино начал *колотить* кулачками Карло по лысине, *щипаться* и *щекотаться*.

— Послушай, — сказал Карло строго, — ведь я ещё не кончил тебя мастерить, а ты уже принялся *баловаться*... Что же дальше-то будет... А?

И он строго поглядел на Буратино. И Буратино круглыми глазами глядел на папу Карло.

Карло сделал ему длинные ноги с большими ступнями. На этом он окончил работу, поставил деревя́нного мальчи́шку на́ пол, что́бы научи́ть ходи́ть.

Бурати́но покача́лся, покача́лся на то́неньких но́жках, шагну́л раз, шагну́л друго́й, скок, скок — пря́мо к две́ри, че́рез поро́г и — на у́лицу.

Ка́рло, беспоко́ясь, пошёл за ним:

— Эй, верни́сь!..

Но Бурати́но бежа́л по у́лице, как *за́яц*, то́лько деревя́нные подо́швы его́ — ту́ки-тук, ту́ки-тук — посту́кивали по камня́м...

— Держи́те его́! — закрича́л Ка́рло.

Прохо́жие смея́лись, пока́зывая па́льцами на бегу́щего Бурати́но. На перекрёстке стоя́л огро́мный полице́йский с закру́ченными уса́ми и в треуго́льной шля́пе*.

Уви́дев бегу́щего деревя́нного челове́чка, он широко́ расста́вил но́ги, загороди́в всю у́лицу. Бурати́но хоте́л проскочи́ть у него́ ме́жду ног, но полице́йский схвати́л его́ за́ нос и так держа́л, пока́ не подбежа́л па́па Ка́рло...

— Ну, подожди́, я с тобо́й уже́ *распра́влюсь*, — проговори́л Ка́рло и хоте́л *засу́нуть* Бурати́но в карма́н ку́ртки...

Бурати́но совсе́м не хоте́лось в тако́й весёлый день при всём наро́де торча́ть нога́ми кве́рху из карма́на ку́ртки — он ло́вко вы́вернулся, упа́л на мостову́ю и притвори́лся мёртвым...

— Ай, ай, — сказал полицейский, — дело, кажется, *скверное*!

Стали собираться прохожие, глядели на лежащего Буратино, качали головами.

— Бедняжка, — говорили они, — наверное, от голода...

— Карло его до смерти заколотил, — говорили другие, — этот старый шарманщик только притворяется хорошим человеком, он дурной, он злой человек...

Слыша всё это, усатый полицейский схватил несчастного Карло за воротник и потащил в полицейское отделение.

Карло громко *стонал*:

— Ох, ох, на горе себе я сделал деревянного мальчишку!

Когда улица опустела, Буратино поднял нос, огляделся и побежал домой...

Говорящий Сверчок* даёт Буратино *мудрый* совет

Прибежав в каморку под лестницей, Буратино уселся на пол около ножки стула.

— Чего бы ещё такое придумать?

Не нужно забывать, что Буратино шёл всего первый день от рождения. Мысли у него были маленькие-маленькие, коротенькие-коротенькие, *пустяковые*-пустяковые.

В это время послышалось:

— Крри-кри, крри-кри, крри-кри.

Буратино завертел головой, оглядывая каморку.

— Эй, кто здесь?

— Здесь я, крри-кри...

Буратино увидел существо, немного похожее на *таракана*, но с головой, как у *кузнечика*. Оно сидело на стене над очагом и тихо потрескивало — крри-кри, — глядело *выпуклыми*, как из стекла, радужными глазами, шевелило усиками.

— Эй, ты кто такой?

— Я — Говорящий Сверчок, — ответило существо, — живу в этой комнате больше ста лет.

— Здесь я хозяин, уходи отсюда.

— Хорошо, я уйду, хотя мне грустно покидать комнату, где я прожил сто лет, — ответил Говорящий Сверчок, — но, прежде чем я уйду, выслушай полезный совет.

— Очень мне нужны советы старого сверчка...

— Ах, Буратино, Буратино, — проговорил сверчок, — слушайся Карло, без дела не убегай из дома и завтра начни ходить в школу. Вот мой совет. Иначе тебя ждут ужасные опасности и страшные приключения.

— Почему? — спросил Буратино.

— А вот ты уви́дишь — почему́, — отве́тил Говоря́щий Сверчо́к.

— Бо́льше всего́ на све́те я люблю́ стра́шные приключе́ния! — кри́кнул Бурати́но. — За́втра же ра́но у́тром убегу́ из до́ма — бу́ду ла́зить по *забо́рам,* *разоря́ть* пти́чьи гнёзда, *дразни́ть* мальчи́шек, таска́ть за хвосты́ соба́к и ко́шек... Я ещё что́-нибудь приду́маю!..

— Жаль мне тебя́, жаль, Бурати́но, прольёшь ты го́рькие слёзы.

— Почему́? — опя́ть спроси́л Бурати́но.

— Потому́ что у тебя́ глу́пая деревя́нная голова́.

Тогда́ Бурати́но вскочи́л на стул, со сту́ла на стол, схвати́л *молото́к* и бро́сил его́ в го́лову Говоря́щему Сверчку́.

Ста́рый у́мный сверчо́к тяжело́ вздохну́л, пошевели́л уса́ми и упо́лз за оча́г — навсегда́ из э́той ко́мнаты.

Бурати́но едва́ не погиба́ет по со́бственному легкомы́слию. Па́па Ка́рло *кле́ит* **ему́ оде́жду из цветно́й бума́ги и покупа́ет а́збуку**

По́сле слу́чая с Говоря́щим Сверчко́м в камо́рке под ле́стницей ста́ло совсе́м ску́чно. В животе́ у Бурати́но то́же бы́ло скучнова́то.

Он закры́л глаза́ и вдруг уви́дел жа́реную ку́рицу на таре́лке.

Бы́стро откры́л глаза́ — ку́рица на таре́лке исче́зла.

Он опя́ть закры́л глаза́ — уви́дел таре́лку с ма́нной ка́шей попола́м с мали́новым варе́ньем*.

Откры́л глаза́ — нет таре́лки с ма́нной ка́шей попола́м с мали́новым варе́ньем. Тогда́ Бурати́но догада́лся, что ему́ ужа́сно хо́чется есть.

Он подбежа́л к очагу́ и су́нул нос в кипя́щий на огне́ котело́к, но дли́нный нос Бурати́но проткну́л наскво́зь котело́к, потому́ что, как мы зна́ем, и оча́г, и ого́нь, и дым, и котело́к бы́ли нарисо́ваны бе́дным Ка́рло на куске́ ста́рого холста́.

Бурати́но вы́тащил нос и погляде́л в ды́рку — за холсто́м в стене́ бы́ло что-то похо́жее на небольшу́ю две́рцу, но там бы́ло так затя́нуто *паути́ной*, и он ничего́ не смог уви́деть.

Бурати́но пошёл иска́ть по всем угла́м — он хоте́л найти́ ко́рочку хле́ба и́ли кури́ную ко́сточку.

Ах, ничего́ не́ было у бе́дного Ка́рло на у́жин!

Вдруг он уви́дел в корзи́нке со стру́жками кури́ное яйцо́. Схвати́л его́, поста́вил на подоко́нник и но́сом — тюк-тюк — разби́л скорлупу́.

Внутри́ яйца́ пи́скнул голосо́к:

— Спаси́бо, деревя́нный челове́чек!

Из разби́той скорлупы́ вы́шел цыплёнок с пу́хом вме́сто хвоста́ и с весёлыми глаза́ми.

— До свида́нья! Ма́ма Ку́ра давно́ меня́ ждёт на дворе́.

И цыплёнок вы́скочил в окно́.

— Ой, ой, — закрича́л Бурати́но, — есть хочу́!..

День наконе́ц ко́нчился. В ко́мнате ста́ло темне́ть.

Бурати́но сиде́л о́коло нарисо́ванного огня́ и от го́лода потихо́ньку *ика́л*.

Он уви́дел — из-под ле́стницы, из-под по́ла, показа́лась то́лстая голова́. Вы́сунулось, поню́хало и вы́лезло се́рое живо́тное на ни́зких ла́пах.

Не спеша́ оно́ пошло́ к корзи́не со стру́жками, вле́зло туда́, — серди́то зашурша́ло стру́жками. Должно́ быть, оно́ иска́ло яйцо́, кото́рое разби́л Бурати́но.

Пото́м оно́ вы́лезло из корзи́ны и подошло́ к Бурати́но. Поню́хало его́, крутя́ чёрным но́сом с четырьмя́ дли́нными волоска́ми с ка́ждой стороны́. От Бурати́но съестны́м не па́хло — оно́ пошло́ ми́мо, таща́ за собо́й дли́нный то́нкий хвост.

Ну как его́ бы́ло не схвати́ть за хвост! Бурати́но сейча́с же и схвати́л.

Э́то оказа́лась ста́рая зла́я *кры́са* Шу́шара.

От испу́га она́ бро́силась под ле́стницу, таща́ Бурати́но, но уви́дела, что э́то всего́-на́всего деревя́нный мальчи́шка, — оберну́лась и со зло́стью набро́силась, что́бы перегры́зть ему́ го́рло.

Тепе́рь уже́ Бурати́но испуга́лся, отпусти́л холо́дный кры́синый хвост и вспры́гнул на стул. Кры́са — за ним.

Он со сту́ла перескочи́л на подоко́нник. Кры́са — за ним.

С подоко́нника он че́рез всю камо́рку перелете́л на стол. Кры́са — за ним... И тут, на столе́, она́ схвати́ла Бурати́но за го́рло, повали́ла, держа́ его́ в зуба́х, спры́гнула на пол и потащи́ла под ле́стницу.

— Па́па Ка́рло! — успе́л то́лько пи́скнуть Бурати́но.

— Я здесь! — отве́тил гро́мкий го́лос.

Дверь откры́лась, вошёл па́па Ка́рло. Стащи́л с ноги́ деревя́нный боти́нок и бро́сил им в кры́су.

Шу́шара, вы́пустив деревя́нного мальчи́шку, *скри́пнула* зуба́ми и скры́лась.

— Вот до чего доводит баловство! — сказал папа Карло, поднимая с пола Буратино. Посмотрел, всё ли у него цело. Посадил его на колени, вынул из кармана луковицу, очистил.

— На, ешь!..

Буратино быстро съел луковицу. После этого стал тереться головой о щёку папы Карло.

— Я буду умненький-благоразумненький, папа Карло... Говорящий Сверчок велел мне ходить в школу.

— Хорошо придумано, малыш...

— Папа Карло, но ведь я — совсем голый, деревянный, — мальчики в школе меня засмеют.

— Да, — сказал Карло. — Ты прав, малыш!

Он зажёг лампу, взял ножницы, клей и кусочки цветной бумаги. Вырезал и склеил курточку из коричневой бумаги и ярко-зелёные штаны. Смастерил туфли и шапочку — колпачком с кисточкой — из старого носка.

Всё это надел на Буратино.

— Носи на здоровье!

— Папа Карло, — сказал Буратино, — а как же я пойду в школу без азбуки?

— Да, ты прав, малыш...

Па́па Ка́рло почеса́л в заты́лке. Наки́нул на пле́чи свою́ еди́нственную ста́рую ку́ртку и пошёл на у́лицу.

Он ско́ро верну́лся, но без ку́ртки. В руке́ он держа́л кни́жку с больши́ми бу́квами и интере́сными карти́нками.

— Вот тебе́ а́збука. Учи́сь на здоро́вье.

— Па́па Ка́рло, а где твоя́ ку́ртка?

— Ку́ртку я про́дал... Ничего́, проживу́ и так...

Бурати́но уткну́лся но́сом в до́брые ру́ки па́пы Ка́рло.

— Вы́учусь, вы́расту, куплю́ тебе́ ты́сячу но́вых ку́рток...

Бурати́но о́чень стара́лся в э́тот пе́рвый в его́ жи́зни ве́чер жить без баловства́, как учи́л его́ Говоря́щий Сверчо́к.

Бурати́но продаёт а́збуку и покупа́ет биле́т в ку́кольный теа́тр

Ра́но у́тром Бурати́но положи́л а́збуку в су́мку и побежа́л в шко́лу.

По доро́ге он да́же не смотре́л на сла́дости, вы́ставленные в ла́вках*, — ма́ковые треуго́льнички, сла́дкие пирожки́ и леденцы́ в ви́де петухо́в на па́лочке.

Он не хоте́л смотре́ть на мальчи́шек, запуска́ющих бума́жного змея́...

Улицу переходи́л полоса́тый кот Бази́лио, кото́рого мо́жно бы́ло схвати́ть за хвост. Но Бурати́но не стал э́того де́лать.

Чем бли́же он подходи́л к шко́ле, тем гро́мче на берегу́ Средизе́много мо́ря игра́ла весёлая му́зыка.

— Пи-пи-пи, — пища́ла *флéйта*.

— Ла-ла-ла-ла, — пе́ла скри́пка.

— Дзинь-дзинь, — звене́ли ме́дные таре́лки.

— Бум! — бил *бараба́н*.

В шко́лу ну́жно повора́чивать напра́во, му́зыка слы́шалась нале́во. Са́ми но́ги Бурати́но повора́чивали к мо́рю, где:

— Пи-пи, пииииии...

— Дзинь-ла-ла, дзинь-ла-ла...

— Бум!

— Шко́ла же никуда́ же не уйдёт же, — сам себе́ гро́мко на́чал говори́ть Бурати́но, — я то́лько взгляну́, послу́шаю — и бего́м в шко́лу.

Он уви́дел *полотня́ный* балага́н*, укра́шенный разноцве́тными фла́гами.

Наверху́ балага́на, припля́сывая, игра́ли четы́ре музыка́нта.

Внизу́ по́лная улыба́ющаяся тётя продава́ла биле́ты.

О́коло вхо́да стоя́ла больша́я толпа́ — ма́льчики и де́вочки, солда́ты, продавцы́ лимона́да, пожа́рные, почтальо́ны, — все, все чита́ли большу́ю афи́шу:

**КУ́КОЛЬНЫЙ ТЕА́ТР
ТО́ЛЬКО ОДНО́ ПРЕДСТАВЛЕ́НИЕ**
Торопи́тесь!
Торопи́тесь!
Торопи́тесь!

Бурати́но дёрнул за рука́в одного́ мальчи́шку:

— Скажи́те, пожа́луйста, ско́лько сто́ит входно́й биле́т?

Ма́льчик отве́тил, не спеша́:

— Четы́ре со́льдо*, деревя́нный челове́чек.

— Понима́ете, ма́льчик, я забы́л до́ма мой кошелёк... Вы не мо́жете мне дать взаймы́ четы́ре со́льдо?..

Ма́льчик *презри́тельно* сви́стнул:

— Нашёл дурака́!..

— Мне ужа́сно хо́чется посмотре́ть ку́кольный теа́тр! — сквозь слёзы сказа́л Бурати́но. — Купи́те у меня́ за четы́ре со́льдо мою́ чу́дную ку́рточку...

— Бума́жную ку́ртку за четы́ре со́льдо? Ищи́ дурака́...

— Ну, тогда́ мой хоро́шенький колпачо́к...

— Твои́м колпачко́м то́лько лови́ть *голова́стиков*... Ищи́ дурака́.

У Буратино даже похолодел нос — так ему хотелось попасть в театр.

— Мальчик, в таком случае возьмите за четыре сольдо мою новую азбуку...

— С картинками?

— С чудесными картинками и большими буквами.

— Давай, пожалуй, — сказал мальчик, взял азбуку и отсчитал четыре сольдо.

Буратино подбежал к полной улыбающейся тёте и пропищал:

— Послушайте, дайте мне в первом ряду билет на единственное представление кукольного театра.

Во время представления комедии куклы узнают Буратино

Буратино сел в первом ряду и с *восторгом* глядел на *занавес*.

На занавесе были нарисованы танцующие человечки, девочки в чёрных масках, страшные бородатые люди в колпаках со звёздами, солнце, похожее на блин с носом и глазами, и другие занимательные картинки.

Три раза ударили в *колокол*, и занавес поднялся.

На маленькой сцене справа и слева стояли *картонные* деревья. Над ними висел фонарь в ви́де луны́ и отража́лся в кусо́чке зе́ркала, на кото́ром пла́вали два ле́бедя, сде́ланные из ва́ты, с золоты́ми носа́ми.

Из-за карто́нного де́рева появи́лся ма́ленький челове́чек в дли́нной бе́лой руба́шке с дли́нными рукава́ми.

Его́ лицо́ бы́ло обсы́пано пу́дрой, бе́лой, как зубно́й порошо́к.

Он поклони́лся *почте́ннейшей* пу́блике и сказа́л гру́стно:

— Здра́вствуйте, меня́ зову́т Пьеро́... Сейча́с мы разыгра́ем пе́ред ва́ми коме́дию под назва́нием «Де́вочка с голубы́ми волоса́ми, и́ли Три́дцать три *подзаты́льника*». Меня́ бу́дут колоти́ть па́лкой, дава́ть пощёчины и подзаты́льники. Э́то о́чень смешна́я коме́дия...

Из-за друго́го карто́нного де́рева вы́скочил друго́й челове́чек, весь в кле́тку, как ша́хматная доска́. Он поклони́лся почте́ннейшей пу́блике.

— Здра́вствуйте, я — Арлеки́н!

По́сле э́того оберну́лся к Пьеро́ и дал ему́ две пощёчины, таки́е зво́нкие, что у того́ со щёк посы́палась пу́дра.

— Ты чего́ пла́чешь, дурале́й?

— Я гру́стный потому́, что я хочу́ жени́ться, — отве́тил Пьеро́.

— А почему́ ты не жени́лся?

— Потому́ что моя́ неве́ста от меня́ убежа́ла...

— Ха-ха-ха, — засмея́лся Арлеки́н, — ви́дели дурале́я!..

Он схвати́л па́лку и поколоти́л Пьеро́.

— Как зову́т твою́ неве́сту?

— А ты не бу́дешь бо́льше дра́ться?

— Ну нет, я ещё то́лько на́чал.

— В тако́м слу́чае её зову́т Мальви́на, и́ли де́вочка с голубы́ми волоса́ми.

— Ха-ха-ха! — опя́ть засмея́лся Арлеки́н и дал Пьеро́ три подзаты́льника. — Послу́шайте, почте́ннейшая пу́блика... Да ра́зве быва́ют де́вочки с голубы́ми волоса́ми?

Но тут он, поверну́вшись к пу́блике, вдруг уви́дел на пере́дней скаме́йке деревя́нного мальчи́шку со ртом до уше́й, с дли́нным но́сом, в колпачке́ с ки́сточкой...

— Гляди́те, э́то Бурати́но! — закрича́л Арлеки́н, ука́зывая на него́ па́льцем.

— Живо́й Бурати́но! — *воскли́кнул* Пьеро́, взма́хивая дли́нными рукава́ми.

Из-за карто́нных дере́вьев вы́скочило мно́го ку́кол — де́вочки в чёрных ма́сках, *мохна́тые* соба́ки с пу́говицами вме́сто глаз...

Все они́ подбежа́ли к свеча́м, стоя́вшим вдоль *ра́мпы*, и, вгля́дываясь, заговори́ли:

— Это Бурати́но! Это Бурати́но! К нам, к нам, весёлый Бурати́но!

Тогда́ он пры́гнул на сце́ну.

Ку́клы схвати́ли его́, на́чали обнима́ть, целова́ть, щипа́ть... Пото́м все ку́клы запе́ли «По́льку* Пти́чку»:

> Пти́чка по́льку танцева́ла
> На *лужа́йке* в ра́нний час.
> Нос нале́во, хвост напра́во, —
> Это по́лька Бараба́с.
>
> Два *жука́* — на бараба́не,
> Ду́ет *жа́ба* в *контраба́с*.
> Нос нале́во, хвост напра́во, —
> Это по́лька Караба́с.
>
> Пти́чка по́льку танцева́ла,
> Потому́ что весела́.
> Нос нале́во, хвост напра́во, —
> Вот так по́лечка была́...

Но мальчи́шки на за́дних скаме́йках серди́лись и то́пали нога́ми:

— Продолжа́йте представле́ние!

Услы́шав весь э́тот шум, из-за сце́ны появи́лся челове́к, тако́й стра́шный, что мо́жно бы́ло умере́ть от у́жаса при одно́м взгля́де на него́.

Густа́я борода́ его́ тащи́лась по полу, глаза́ враща́лись, огро́мный рот *скрипе́л* зуба́ми, будто это был не человек, а *крокодил*. В руке он держал плётку*.

Это был хозяин кукольного театра, доктор кукольных наук синьор* Карабас Барабас.

— Га-га-га, гу-гу-гу! — заревел он на Буратино. — Так это ты помешал представлению моей прекрасной комедии?

Он схватил Буратино, отнёс в *кладовую* театра и повесил на гвоздь. Вернувшись, погрозил куклам плёткой, чтобы они продолжали представление.

Куклы закончили комедию, занавес закрылся, зрители разошлись.

Доктор кукольных наук синьор Карабас Барабас пошёл на кухню ужинать.

Сунув нижнюю часть бороды в карман, чтобы не мешала, он сел перед очагом, где на вертеле жарились целый кролик и два цыплёнка.

Он потрогал жаркое, и оно показалось ему сырым.

В очаге было мало дров. Тогда он три раза хлопнул в ладоши. Вбежали Арлекин и Пьеро.

— Принесите-ка мне этого бездельника Буратино, — сказал синьор Карабас Барабас. — Он сделан из сухого дерева, я его подкину в огонь, моё жаркое быстро зажарится.

Арлеки́н и Пьеро́ упа́ли на коле́ни, умоля́ли пожале́ть несча́стного Бурати́но.

— А где моя́ плётка? — закрича́л Караба́с Караба́с.

Тогда́ они́, рыда́я, пошли́ в кладову́ю, сня́ли с гвоздя́ Бурати́но и принесли́ на ку́хню.

Синьо́р Караба́с Караба́с вме́сто того́, что́бы сжечь Бурати́но, даёт ему́ пять золоты́х моне́т и отпуска́ет домо́й

Когда́ ку́клы принесли́ Бурати́но и бро́сили на́ пол у очага́, синьо́р Караба́с Караба́с меша́л *кочерго́й у́гли*.

Вдруг глаза́ его́ налили́сь кро́вью, всё лицо́ смо́рщилось. Должно́ быть, ему́ в но́здри попа́л кусо́чек угля́.

— Аап... аап... аап... — завы́л Караба́с Караба́с, зака́тывая глаза́, — аап-чхи!..

Когда́ до́ктор ку́кольных нау́к начина́л чиха́ть, то уже́ не мог останови́ться и чиха́л пятьдеся́т, а иногда́ и сто раз подря́д.

От тако́го необыкнове́нного чиха́ния он станови́лся добре́е.

Пьеро́ шепну́л Бурати́но:

— Попро́буй с ним заговори́ть ме́жду чиха́ньями...

— Аап-чхи! Аап-чхи! — Карабас Барабас забирал раскрытым ртом воздух и громко чихал, тряся головой и топая ногами.

На кухне всё тряслось, *дребезжали* стёкла, качались сковороды и кастрюли на гвоздях.

Между этими чиханьями Буратино начал подвывать жалобным тоненьким голоском:

— Бедный я, несчастный, никому-то меня не жалко!

— Перестань *реветь*! — крикнул Карабас Барабас. — Ты мне мешаешь... Аап-чхи!

— Будьте здоровы, синьор, — сказал Буратино.

— Спасибо... А что — родители у тебя живы? Аап-чхи!

— У меня никогда, никогда не было мамы, синьор. Ах я, несчастный! — И Буратино закричал так сильно, что в ушах Карабаса Барабаса стало колоть, как иголкой.

Он затопал ногами.

— Перестань *визжать*, говорю тебе!.. Аап-чхи! А что — отец у тебя жив?

— Мой бедный отец ещё жив, синьор.

— Воображаю, каково будет узнать твоему отцу, что я на тебе изжарил кролика и двух цыплят... Аап-чхи!

— Мой бе́дный оте́ц всё равно́ ско́ро умрёт от го́лода и хо́лода. Я его́ еди́нственная наде́жда в ста́рости. Пожале́йте, отпусти́те меня́, синьо́р.

— Де́сять ты́сяч черте́й! — закрича́л Караба́с Бараба́с. — Кро́лик и цыпля́та должны́ быть зажа́рены. Полеза́й в оча́г.

— Синьо́р, я не могу́ э́того сде́лать.

— Почему́? — спроси́л Караба́с Бараба́с то́лько для того́, что́бы Бурати́но продолжа́л разгова́ривать, а не визжа́л в у́ши.

— Синьо́р, я уже́ про́бовал одна́жды су́нуть нос в оча́г и то́лько проткну́л ды́рку.

— Что за вздор! — удиви́лся Караба́с Бараба́с. — Как ты мог но́сом проткну́ть в очаге́ ды́рку?

— Потому́, синьо́р, что оча́г и котело́к над огнём бы́ли нарисо́ваны на куске́ ста́рого холста́.

— Аап-чхи! — чихну́л Караба́с Бараба́с с таки́м шу́мом, что Пьеро́ отлете́л нале́во, Арлеки́н — напра́во, а Бурати́но заверте́лся на одно́м ме́сте.

— Где ты ви́дел оча́г, и ого́нь, и котело́к нарисо́ванными на куске́ холста́?

— В камо́рке моего́ па́пы Ка́рло.

— Твой оте́ц — Ка́рло! — Караба́с Бараба́с вскочи́л со сту́ла, взмахну́л рука́ми, борода́ его разлетéлась. — Так, знáчит, э́то в камóрке стáрого Кáрло нахóдится потайнáя...

Но тут Карабáс Барабáс, ви́димо, не желáя проговори́ться о какóй-то тáйне, обóими кулакáми заткнýл себé рот. И так сидéл нéкоторое врéмя, гля́дя на угасáющий огóнь.

— Хорошó, — сказáл он наконéц, — я поýжинаю недожáренным крóликом и сыры́ми цыпля́тами. Я тебé дарю́ жизнь, Бурати́но. Мáло э́того... — Он залéз под бóроду в кармáн, вы́тащил пять золоты́х монéт и протянýл их Бурати́но. — Мáло э́того... Возьми́ э́ти дéньги и отнеси́ их Кáрло. Кла́няйся и скажи́, что я прошý егó ни в кóем слýчае не умирáть от гóлода и хóлода и сáмое глáвное — не уезжáть из егó камóрки, где нахóдится очáг, нарисóванный на кускé стáрого холстá. Иди́, вы́спись и ýтром порáньше беги́ домóй.

Бурати́но положи́л пять золоты́х монéт в кармáн и отвéтил с вéжливым поклóном:

— Благодарю́ вас, синьóр. Вы не могли́ довéрить дéньги в бóлее надёжные рýки...

Арлеки́н и Пьерó отвели́ Бурати́но в кýкольную спáльню, где кýклы опя́ть нáчали обнимáть, целовáть, толкáть, щипáть и опя́ть обнимáть Бурати́но, котóрый так непоня́тно избежáл стрáшной ги́бели в очагé.

Он шёпотом говори́л кýклам:

— Здесь какáя-то *тáйна*.

По доро́ге домо́й Бурати́но встреча́ет двух *ни́щих* — кота́ Бази́лио и лису́ Али́су

Ра́но у́тром Бурати́но пересчита́л де́ньги — золоты́х моне́т бы́ло сто́лько, ско́лько па́льцев на руке́, — пять.

Зажа́в золоты́е в кулаке́, он побежа́л домо́й и напева́л:

— Куплю́ па́пе Ка́рло но́вую ку́ртку, куплю́ мно́го ма́ковых треуго́льничков, леденцо́вых петухо́в на па́лочках.

Вдруг он уви́дел двух ни́щих, иду́щих по пы́льной доро́ге: лису́ Али́су, *ковыля́ющую* на трёх ла́пах, и слепо́го кота́ Бази́лио.

Это был не тот кот, кото́рого Бурати́но встре́тил вчера́ на у́лице, но друго́й — то́же Бази́лио и то́же полоса́тый. Бурати́но хоте́л пройти́ ми́мо, но лиса́ Али́са сказа́ла ему́ о́чень ми́ло:

— Здра́вствуй, до́бренький Бурати́но! Куда́ так спеши́шь?

— Домо́й, к па́пе Ка́рло.

Лиса́ вздохну́ла:

— Уж не зна́ю, заста́нешь ли ты живы́м бе́дного Ка́рло, он совсе́м плох от го́лода и хо́лода...

— А ты э́то ви́дела? — Бурати́но разжа́л кула́к и показа́л пять золоты́х.

Уви́дев де́ньги, лиса́ нево́льно потяну́лась к ним ла́пой, а кот вдруг широко́ раскры́л слепы́е глаза́, и они́ *сверкну́ли* у него́, как два зелёных фонаря́.

Но Бурати́но ничего́ э́того не заме́тил.

— До́бренький, хоро́шенький Бурати́но, что же ты бу́дешь де́лать с э́тими деньга́ми?

— Куплю́ ку́ртку для па́пы Ка́рло… Куплю́ но́вую а́збуку…

— А́збуку, ох, ох! — сказа́ла лиса́ Али́са, кача́я голово́й. — Не доведёт тебя́ до добра́ э́то уче́нье… Вот я учи́лась, учи́лась, а — гляди́ — хожу́ на трёх ла́пах.

— А́збуку! — *проворча́л* кот Бази́лио и серди́то фы́ркнул в усы́. — Че́рез э́то прокля́тое уче́нье у меня́ тепе́рь нет глаз.

На сухо́й ве́тке о́коло доро́ги сиде́ла пожила́я *воро́на*. Слу́шала, слу́шала и ка́ркнула:

— Врут, врут!..

Кот Бази́лио сейча́с же высоко́ подскочи́л, ла́пой сбил воро́ну с ве́тки, вы́рвал ей полхвоста́ — но она́ успе́ла улете́ть. И опя́ть притвори́лся, бу́дто он слепо́й.

— Вы за что так её, кот Бази́лио? — удивлённо спроси́л Бурати́но.

— Глаза́-то слепы́е, — отве́тил кот, — показа́лось — э́то собачо́нка на де́реве…

Пошли́ они́ втроём по пы́льной доро́ге. Лиса́ сказа́ла:

— У́мный, благоразу́мный Бурати́но, хоте́л бы ты, что́бы у тебя́ де́нег ста́ло в де́сять раз бо́льше?

— Коне́чно, хочу́! А как э́то де́лается?

— Про́ще просто́го. Пойдём с на́ми.

— Куда́?

— В Страну́ Дурако́в.

Бурати́но немно́го поду́мал.

— Нет, уж я, пожа́луй, сейча́с домо́й пойду́.

— Пожа́луйста, мы тебя́ за *верёвочку* не тя́нем, — сказа́ла лиса́, — тем ху́же для тебя́.

— Тем ху́же для тебя́, — *проворча́л* кот.

— Ты сам себе́ враг, — сказа́ла лиса́.

— Ты сам себе́ враг, — проворча́л кот.

— А то бы твои́ пять золоты́х преврати́лись в ку́чу де́нег...

Бурати́но останови́лся, раскры́л рот...

— Врёшь!

Лиса́ се́ла на хвост, облизну́лась:

— Я тебе́ сейча́с объясню́. В Стране́ Дурако́в есть волше́бное по́ле — называ́ется По́ле Чуде́с... На э́том по́ле вы́копай я́мку, скажи́ три ра́за: «Крекс, фекс, пекс», — положи́ в я́мку золото́й, засы́пь землёй, све́рху посы́пь со́лью, поле́й хорошо́ и иди́ спать. Нау́тро из я́мки вы́растет небольшо́е де́рево, на нём вме́сто ли́стьев бу́дут висе́ть золоты́е моне́ты. Поня́тно?

Бурати́но да́же подпры́гнул:

— Врёшь!

— Идём, Бази́лио, — оби́женно сверну́в нос, сказа́ла лиса́, — нам не ве́рят — и не на́до...

— Нет, нет, — закрича́л Бурати́но, — ве́рю, ве́рю!.. Идёмте скоре́е в Страну́ Дурако́в!..

В харче́вне* «Трёх *пескаре́й*»

Бурати́но, лиса́ Али́са и кот Бази́лио спусти́лись по́д гору и шли, шли — че́рез поля́, *виногра́дники*, че́рез *сосно́вую* ро́щу, вы́шли к мо́рю и опя́ть поверну́ли от мо́ря, че́рез ту же ро́щу, виногра́дники...

Лиса́ Али́са говори́ла, вздыха́я:

— Ах, не та́к-то легко́ попа́сть в Страну́ Дурако́в, все ла́пы сотрёшь...

Уже́ ве́чером они́ уви́дели сбо́ку доро́ги ста́рый дом с пло́ской кры́шей и с вы́веской над вхо́дом:

ХАРЧЕ́ВНЯ «ТРЁХ ПЕСКАРЕ́Й»

Хозя́ин вы́бежал навстре́чу гостя́м, сорва́л с головы́ ша́почку и ни́зко кла́нялся, прося́ зайти́.

— Хорошо́ бы нам перекуси́ть хоть сухо́й ко́рочкой, — сказа́ла лиса́.

— Хоть ко́ркой хле́ба угости́ли бы, — повтори́л кот.

Зашли́ в харче́вню, се́ли о́коло очага́, где на сковоро́дках жа́рилась вся́кая вку́сная еда́.

Лиса́ помину́тно обли́зывалась, кот Бази́лио положи́л ла́пы на стол, уса́тую мо́рду — на ла́пы, — смотре́л на еду́.

— Эй, хозя́ин, — ва́жно сказа́л Бурати́но, — да́йте нам три ко́рочки хле́ба...

Хозя́ин о́чень удиви́лся, что таки́е почте́нные го́сти так ма́ло спра́шивают.

— Весёлый, остроу́мный Бурати́но шу́тит с ва́ми, хозя́ин, — захихи́кала лиса́.

— Он шу́тит, — повтори́л кот.

— Да́йте три ко́рочки хле́ба и к ним — вон того́ зажа́ренного бара́шка, — сказа́ла лиса́, — и ещё того́ гусёнка, да па́рочку голубе́й, да ещё печёночки...

— Шесть штук са́мых жи́рных карасе́й, — приказа́л кот, — и ме́лкой сыро́й ры́бы на заку́ску.

Коро́че говоря́, они́ взя́ли всё, что бы́ло на очаге́: для Бурати́но оста́лась одна́ ко́рочка хле́ба.

Лиса́ Али́са и кот Бази́лио съе́ли всё вме́сте с костя́ми.

Животы́ у них разду́лись, мо́рды заблесте́ли.

— Отдохнём часок, — сказала лиса, — а ровно в полночь выйдем. Не забудьте нас разбудить, хозяин...

Лиса и кот легли на две мягкие кровати, захрапели и засвистели. Буратино лёг в углу на собачьей подстилке...

Ему снилось деревце с кругленькими золотыми листьями... Только он протянул руку...

— Эй, синьор Буратино, пора, уже полночь...

В дверь стучали. Буратино вскочил, протёр глаза. На кровати — ни кота, ни лисы — пусто. Хозяин объяснил ему:

— Ваши почтенные друзья раньше поднялись, поели холодного пирога и ушли...

— Мне ничего не просили передать?

— Очень даже просили, — чтобы вы, синьор Буратино, сразу же бежали по дороге к лесу...

Буратино кинулся к двери, но хозяин встал на пороге:

— А за ужин кто будет платить?

— Ой, — пискнул Буратино, — сколько?

— Ровно один золотой...

Буратино сейчас же хотел проскочить мимо его ног, но хозяин закричал:

— Плати, *негодяй*, или убью тебя!

Пришлось заплатить один золотой из пяти.

По́сле э́того Бурати́но поки́нул *прокля́тую* харче́вню.

Ночь была́ тёмная, — э́того ма́ло — чёрная, как *са́жа*. Всё круго́м спало́. То́лько над голово́й Бурати́но неслы́шно лета́ла ночна́я пти́ца Сплю́шка.

Задева́я мя́гким крыло́м за его́ нос, Сплю́шка повторя́ла:

— Не верь, не верь, не верь!

Он с доса́дой останови́лся:

— Чего́ тебе́?

— Не верь коту́ и лисе́...

— Отста́нь!..

Он побежа́л да́льше и слы́шал, как Сплю́шка сказа́ла ему́:

— Бо́йся *разбо́йников* на э́той доро́ге...

На Бурати́но напада́ют разбо́йники

На краю́ не́ба появи́лся зеленова́тый свет — всходи́ла луна́.

Впереди́ стал ви́ден чёрный лес.

Бурати́но пошёл быстре́е. Кто́-то сза́ди него́ то́же пошёл быстре́е.

Он побежа́л. Кто́-то бежа́л за ним вслед бесшу́мными скачка́ми.

Он оберну́лся.

Его догоняли двое — на головах у них были надеты мешки с прорезанными дырками для глаз.

Один, пониже ростом, размахивал ножом, другой, повыше, держал пистолет...

— Ай-ай! — завизжал Буратино и, как заяц, побежал к чёрному лесу.

— Стой, стой! — кричали разбойники.

Буратино, хотя и был сильно перепуган, всё же догадался — сунул в рот четыре золотых и свернул с дороги к *изгороди*, заросшей *ежевикой*... Но тут двое разбойников схватили его...

— Кошелёк или жизнь!

Буратино, будто бы не понимая, чего от него хотят, только часто-часто дышал носом. Разбойники трясли его за *шиворот*, один грозил пистолетом, другой обыскивал карманы.

— Где твои деньги? — *рычал* высокий.

— Деньги давай! — *шипел* низенький.

— Разорву!

— Голову съем!

Тут Буратино от страха так задрожал, что золотые монеты зазвенели у него во рту.

— Вот где у него деньги! — поняли разбойники. — Во рту у него деньги...

Один схвати́л Бурати́но за го́лову, друго́й — за́ ноги. На́чали его́ подбра́сывать. Но он то́лько кре́пче сжима́л зу́бы.

Переверну́в его́ кве́рху нога́ми, разбо́йники би́ли его́ голово́й о зе́млю. Но и э́то не помога́ло.

Разбо́йник — тот, что пони́же, на́чал широ́ким ножо́м разжима́ть ему́ зу́бы. Вот-вот уже́ и разжа́л... Вдруг Бурати́но и́зо всей си́лы укуси́л его́ за́ руку... Но э́то оказа́лась не рука́, а коша́чья ла́па. Разбо́йник ди́ко взвыл. Бурати́но в э́то вре́мя вы́вернулся и ки́нулся к и́згороди, нырну́л в колю́чую ежеви́ку, оста́вив на ве́тках *клочки́* штани́шек и ку́рточки, переле́з на ту сто́рону и побежа́л к ле́су.

У ле́са разбо́йники опя́ть догна́ли его́. Он подпры́гнул, схвати́лся за кача́ющуюся ве́тку и поле́з на де́рево. Разбо́йники — за ним. Но им меша́ли мешки́ на голова́х.

Бурати́но влез на верши́ну де́рева, раскача́лся и перепры́гнул на сосе́днее де́рево. Разбо́йники — за ним...

Но о́ба тут же сорвали́сь и упа́ли на зе́млю.

Пока́ они́ поднима́лись, Бурати́но слез с де́рева и побежа́л, так бы́стро перебира́я нога́ми, что их да́же не́ было ви́дно.

От луны́ дере́вья отбра́сывали дли́нные те́ни. Весь лес был полоса́тый...

Бурати́но то пропада́л в тени́, то бе́лый колпачо́к его́ мелька́л в лу́нном све́те.

Так он добра́лся до о́зера. Над водо́й висе́ла луна́, как в ку́кольном теа́тре.

— Держи́, держи́ его́!.. — услы́шал он кри́ки сза́ди.

Разбо́йники уже́ подбега́ли, они́ высоко́ подска́кивали из мо́крой травы́, что́бы уви́деть Бурати́но.

— Вот он!

Ему́ остава́лось то́лько бро́ситься в во́ду. В э́то вре́мя он уви́дел бе́лого *ле́бедя*, спа́вшего у бе́рега.

Бурати́но ки́нулся в о́зеро, *нырну́л* и схвати́л ле́бедя за ла́пы.

— Го-го, — кри́кнул ле́бедь, просыпа́ясь, — что за неприли́чные шу́тки! Оста́вьте мои́ ла́пы в поко́е!

Ле́бедь раскры́л огро́мные кры́лья, и в то вре́мя когда́ разбо́йники уже́ хвата́ли Бурати́но за но́ги, торча́щие из воды́, ле́бедь ва́жно полете́л че́рез о́зеро.

На том берегу́ Бурати́но вы́пустил его́ ла́пы, упа́л, вскочи́л и побежа́л к большо́й луне́.

Разбойники вешают Буратино на дерево

От усталости Буратино с трудом перебирал ногами.

Вдруг он увидел красивую лужайку и посреди неё — маленький, освещённый луной домик в четыре окошка. На ставнях* были нарисованы солнце, луна и звёзды. Вокруг росли большие *лазоревые* цветы.

Дорожки посыпаны чистым песочком. Из фонтана поднималась тоненькая струя воды.

Буратино влез на *крыльцо*. Постучал в дверь.

В домике было тихо. Он постучал сильнее — должно быть, там крепко спали.

В это время из лесу опять выскочили разбойники. Они переплыли озеро, вода лила с них ручьями. Увидев Буратино, низенький разбойник зашипел по-кошачьи, высокий *затявкал* по-лисьи...

Буратино колотил в дверь руками и ногами:

— Помогите, помогите, добрые люди!..

Тогда в окошке показалась *кудрявая* хорошенькая девочка с хорошеньким носиком. Глаза у неё были закрыты.

— Девочка, откройте дверь, за мной гонятся разбойники!

— Ах, какая *чушь*! — сказала девочка, зевая хорошеньким ртом. — Я хочу спать, я не могу открыть глаза...

Она подняла руки, сонно потянулась и скрылась в окошке.

Буратино в *отчаянии* упал носом в песок и притворился мёртвым.

Разбойники подскочили.

— Ага, теперь от нас не уйдёшь!..

Трудно вообразить, чего они только не делали, чтобы заставить Буратино раскрыть рот. Если бы во время *погони* они не уронили ножа и пистолета — на этом месте и можно было бы окончить рассказ про несчастного Буратино.

Наконец разбойники решили его повесить вниз головой, привязали к ногам верёвку, и Буратино повис на *дубовой* ветке... Они сели под дубом и стали ждать, когда у него вывалятся изо рта золотые...

На рассвете поднялся ветер, зашумели на дубе листья. Буратино качался, как деревяшка. Разбойникам стало скучно сидеть...

— Повиси, дружок, до вечера, — сказали они и пошли искать какую-нибудь придорожную харчевню.

Девочка с голубыми волосами возвращает Буратино к жизни

Над ветвями дуба, где висел Буратино, показалась утренняя *заря*.

Трава на поляне, лазоревые цветы покрылись капельками росы.

Девочка с кудрявыми голубыми волосами опять показалась в окошке, протёрла и широко открыла заспанные хорошенькие глаза.

Эта девочка была самой красивой куклой из кукольного театра синьора Карабаса Барабаса.

Она не могла больше терпеть грубого отношения хозяина, убежала из театра и стала жить в отдельном домике на поляне.

Звери, птицы и некоторые из *насекомых* очень полюбили её — должно быть, потому, что она была воспитанная и *кроткая* девочка.

Звери приносили ей всё необходимое для жизни.

Крот приносил питательные *коренья*.

Мыши — сахар, сыр и кусочки колбасы.

Благородная собака пудель* Артемон приносил булки.

Сорока воровала для неё на базаре шоколадные конфеты в серебряных бумажках.

Лягушки приносили в ореховых *скорлупках* лимонад.

Ястреб — *жареную дичь*.

Майские жуки — *разные ягоды*.

Бабочки — *пыльцу* с цветов, — *пудриться*.

Гусеницы выдавливали из себя пасту для чистки зубов и смазывания скрипящих дверей.

Ласточки уничтожали вблизи дома *ос и комаров*...

Итак, открыв глаза, девочка с голубыми волосами сейчас же увидела Буратино, висящего вниз головой.

Она приложила ладони к щекам и вскрикнула:

— Ах, ах, ах!

Под окном появился благородный пудель Артемон. Он только что выстриг себе заднюю половину туловища, что делал каждый день. Кудрявая шерсть на передней половине туловища была расчёсана, кисточка на конце хвоста перевязана чёрным бантом. На одной из передних лап — серебряные часы.

— Я готов!

Артемон свернул в сторону нос и приподнял верхнюю губу над белыми зубами.

— Позови кого-нибудь, Артемон! — сказала девочка. — Надо снять бедняжку Буратино, отнести в дом и пригласить доктора...

— Готов!

Артемо́н от гото́вности так заверте́лся, что сыро́й песо́к полете́л из-под его́ за́дних лап... Он ки́нулся к *муравéйнику*, ла́ем разбуди́л всё населе́ние и посла́л четы́реста муравьёв перегры́зть верёвку, на кото́рой висе́л Бурати́но.

Четы́реста серьёзных муравьёв поползли́ гуська́м по у́зенькой тропи́нке, вле́зли на дуб и перегры́зли верёвку.

Артемо́н подхвати́л пере́дними ла́пами па́дающего Бурати́но и отнёс его́ в дом... Положи́в Бурати́но на крова́ть, помча́лся в лес и привёл отту́да знамени́того до́ктора *Сову́, фельдшери́цу Жа́бу* и наро́дного ле́каря *Богомо́ла**.

Сова́ приложи́ла у́хо к груди́ Бурати́но.

— Пацие́нт скоре́е мёртв, чем жив, — прошепта́ла она́ и отверну́ла го́лову наза́д на сто во́семьдесят гра́дусов.

Жа́ба до́лго мя́ла вла́жной ла́пой Бурати́но. Разду́мывая, гляде́ла в ра́зные сто́роны. Сказа́ла:

— Пацие́нт скоре́е жив, чем мёртв...

Наро́дный ле́карь Богомо́л на́чал дотра́гиваться до Бурати́но.

— Одно́ из двух, — прошепта́л он, — и́ли пацие́нт жив, и́ли он у́мер. Е́сли он жив — он останется жив или он не останется жив. Если он мёртв — его можно оживить или нельзя оживить.

— *Шарлатанство*, — сказала Сова, взмахнула мягкими крыльями и улетела на тёмный *чердак*.

— Какое отвратительное невежество! — квакнула Жаба и запрыгала в сырой *подвал*.

— Ну как же мне его лечить, граждане?

— Касторкой*, — квакнула Жаба из подвала.

— Касторкой! — презрительно захохотала Сова на чердаке.

— Или касторкой, или не касторкой, — проскрипел за окном Богомол.

Тогда несчастный Буратино простонал:

— Не нужно касторки, я очень хорошо себя чувствую!

Девочка с голубыми волосами заботливо наклонилась над ним:

— Буратино, *умоляю* тебя — зажми нос и выпей.

— Не хочу, не хочу, не хочу!..

— Я тебе дам кусочек сахару...

Тотчас же по одеялу на кровать взобралась белая мышь, она держала кусочек сахару.

— Ты его получишь, если будешь меня слушаться, — сказала девочка.

— Один сахар дайте...

— Да пойми же — если не выпьешь лекарства, ты можешь умереть...

— Лучше умру, чем буду пить касторку...

Тогда девочка сказала строго, взрослым голосом:

— Зажми нос и гляди в потолок... Раз, два, три.

Она влила касторку в рот Буратино, сейчас же дала ему кусочек сахару и поцеловала.

— Вот и всё...

Девочка с голубыми волосами хочет воспитывать Буратино

Наутро Буратино проснулся весёлый и здоровый.

Девочка с голубыми волосами ждала его в саду, сидя за маленьким столом, накрытым кукольной посудой.

Её лицо было свежевымыто.

Ожидая Буратино, она *отмахивалась* от надоевших бабочек.

Оглядела деревянного мальчишку с головы до ног. Велела ему сесть за стол и налила в маленькую чашечку какао.

Буратино сел за стол, подвернул под себя ногу. Миндальные пирожные он ел целиком и глотал не жуя.

В ва́зу с варе́ньем зале́з пря́мо па́льцами и с удово́льствием их обса́сывал.

Когда́ де́вочка отверну́лась, что́бы бро́сить не́сколько кро́шек пожило́й жу́желице*, он схвати́л кофе́йник и вы́пил всё кака́о из но́сика.

Поперхну́лся, проли́л кака́о на ска́терть.

Тогда́ де́вочка сказа́ла ему́ стро́го:

— Вы́тащите из-под себя́ но́гу и опусти́те её под стол. Не е́шьте рука́ми, для э́того есть ло́жки и ви́лки. — От возмуще́ния она́ хло́пала ресни́цами. — Кто вас воспи́тывает, скажи́те, пожа́луйста?

— Когда́ па́па Ка́рло воспи́тывает, а когда́ никто́.

— Тепе́рь я займу́сь ва́шим воспита́нием, бу́дьте поко́йны.

«Вот так попа́лся!» — поду́мал Бурати́но.

На траве́ вокру́г до́ма бе́гал за ма́ленькими пти́чками пу́дель Артемо́н. Когда́ они́ сади́лись на дере́вья, он поднима́л го́лову, подпры́гивал и ла́ял.

«Здо́рово птиц гоня́ет», — с *за́вистью* поду́мал Бурати́но.

Наконе́ц мучи́тельный за́втрак око́нчился. Де́вочка веле́ла ему́ вы́тереть с но́са кака́о. Попра́вила скла́дочки и ба́нтики на пла́тье, взяла́ Бурати́но за́ руку и повела́ в дом — занима́ться воспита́нием.

А весёлый пу́дель Артемо́н бе́гал по траве́ и ла́ял; пти́цы, ниско́лько не боя́сь его́, ве́село свисте́ли; ветеро́к ве́село лета́л над дере́вьями.

— Сними́те ва́ши *лохмо́тья*, вам даду́т прили́чную ку́ртку и штани́шки, — сказа́ла де́вочка.

Че́тверо портны́х ши́ли из ста́рых де́вочкиных пла́тьев краси́вый мальчи́шеский костю́м.

Бурати́но пришло́сь переоде́ться.

Он спря́тал в карма́н но́вой ку́ртки четы́ре золоты́е моне́ты.

— Тепе́рь ся́дьте пря́мо, положи́те ру́ки пе́ред собо́й, — сказа́ла де́вочка и взяла́ кусо́чек ме́ла. — Мы займёмся арифме́тикой... У вас в карма́не два я́блока...

Бурати́но хитро́ *подмигну́л*:

— Врёте, ни одного́...

— Я говорю́, — терпели́во повтори́ла де́вочка, — предполо́жим, что у вас в карма́не два я́блока. Кто́-то взял у вас одно́ я́блоко. Ско́лько у вас оста́лось я́блок?

— Два.

— Поду́майте хороше́нько.

Бурати́но *смо́рщился* — так хорошо́ поду́мал.

— Два...

— Почему́?

— Я́ же не отда́м Кому́-то я́блоко, да́же е́сли он бу́дет дра́ться!

— У вас нет никаки́х спосо́бностей к матема́тике, — с огорче́нием сказа́ла де́вочка. — Займёмся дикта́нтом. — Она́ подняла́ к потолку́ хоро́шенькие глаза́. — Пиши́те: «А ро́за упа́ла на ла́пу Азо́ра». Написа́ли? Тепе́рь прочти́те э́ту волше́бную фра́зу наоборо́т.

Нам уже́ изве́стно, что Бурати́но никогда́ да́же не ви́дел пера́ и черни́льницы*.

Де́вочка сказа́ла: «Пиши́те», — и он сейча́с же су́нул в черни́льницу свой нос и стра́шно испуга́лся, когда́ с но́са на бума́гу упа́ла черни́льная *кля́кса*.

Де́вочка *всплесну́ла* рука́ми, у неё да́же *бры́знули* слёзы.

— Вы га́дкий *шалу́н*, вы должны́ быть нака́заны!

Она́ вы́сунулась в око́шко.

— Артемо́н, отведи́ Бурати́но в тёмный *чула́н*!

Благоро́дный Артемо́н появи́лся в дверя́х, пока́зывая бе́лые зу́бы. Схвати́л Бурати́но за ку́рточку и потащи́л в чула́н, где по угла́м висе́ли больши́е пауки́. За́пер его́ там и опя́ть убежа́л за пти́чками.

Девочка, бросившись на кукольную *кружевную* кровать, зарыдала оттого, что ей пришлось поступить так *жестоко* с деревянным мальчиком. Но если уж взялась за воспитание, дело нужно довести до конца.

Буратино *ворчал* в тёмном чулане:

— Вот дура девчонка... Нашлась воспитательница, подумаешь... У самой *фарфоровая* голова, туловище, ватой набитое...

В чулане послышался тоненький скрип, будто кто-то скрипел мелкими зубами:

— Слушай, слушай...

Он поднял испачканный в чернилах нос и в темноте различил висящую под потолком вниз головой летучую мышь*.

— Тебе чего?

— Дождись ночи, Буратино.

Буратино сел на сломанный горшок, его *возмущала несправедливость*.

— Разве так воспитывают детей?.. Это *мучение*, а не воспитание... Так не сиди да так не ешь... Ребёнок, может, ещё букваря не освоил — она сразу за чернильницу хватается... А пудель, наверное, бегает за птицами — ему ничего...

Летучая мышь опять пискнула:

— Дождись ночи, Буратино, я тебя поведу в Страну Дураков, там ждут тебя друзья — кот и лиса, счастье и веселье. Жди ночи.

59

Буратино попадает в Страну Дураков

Девочка с голубыми волосами подошла к двери чулана.

— Буратино, мой друг, вы *раскаиваетесь* наконец?

Он был очень сердит, к тому же у него совсем другое было на уме.

— Не буду я раскаиваться! Не дождётесь...

— Тогда вам придётся просидеть в чулане до утра...

Девочка горько вздохнула и ушла.

Настала ночь.

Девочка легла спать в кружевную кроватку и долго *всхлипывала* засыпая.

Артемон спал у дверей её спальни.

В домике часы с *маятником* пробили полночь.

— Пора, Буратино, беги! — пискнула летучая мышь над его ухом. — В углу чулана есть ход в подполье... Жду тебя на лужайке.

Он *пополз* в подполье. Ход был всё уже и уже. Буратино теперь с трудом полз под землёй... И вдруг вниз головой полетел в подполье.

Там он выскочил на лужайку.

Над лазоревыми цветами бесшумно летала мышь.

— За мной, Буратино, в Страну Дураков!

Буратино бежал за ней по траве.

Вдруг мышь крикнула кому-то:

— Привела!

Буратино сейчас же покатился вниз с крутого *обрыва*.

Исцарапанный, полон рот песку, он сел.

— Ух ты!..

Перед ним стояли кот Базилио и лиса Алиса.

— Храбрый Буратино, должно быть, свалился с луны, — сказала лиса.

— Странно, как он жив остался, — сказал кот.

Буратино обрадовался старым знакомым, хотя ему показалось подозрительным, что у кота перевязана тряпкой правая лапа, а у лисы весь хвост испачкан.

— Нет худа без добра*, — сказала лиса, — зато ты попал в Страну Дураков...

— В этом городе продаются замечательные куртки на заячьем меху для папы Карло, — облизываясь, пела лиса, — азбуки с раскрашенными картинками... Ах, какие продаются сладкие пирожки и леденцовые петушки на палочках! Ты ведь не потерял ещё свои денежки, Буратино?

Лиса Алиса помогла ему встать на ноги; почистила ему курточку и повела через сломанный мост.

Кот Бази́лио *хрома́л* сза́ди.

Была́ уже́ середи́на но́чи, но в Го́роде Дурако́в никто́ не спал.

По криво́й, гря́зной у́лице *броди́ли* худы́е соба́ки, они́ зева́ли от го́лода:

— Э-хе-хе...

Ко́зы щипа́ли пы́льную траву́ у тротуа́ра.

— Б-э-э-э-э-да́...

Опусти́в го́лову, стоя́ла *коро́ва*; у неё ко́сти торча́ли сквозь ко́жу.

— Муче́ние... — повторя́ла она́ заду́мчиво.

Зато́ на перекрёстках стоя́ли злы́е бульдо́ги-полице́йские в треуго́льных шля́пах и в колю́чих оше́йниках.

Они́ крича́ли на голо́дных жи́телей:

— Проходи́! Держи́ пра́во! Не заде́рживайся!..

Лиса́ тащи́ла Бурати́но да́льше по у́лице. Они́ уви́дели гуля́ющих под луно́й по тротуа́ру сы́тых кото́в в золоты́х очка́х под руку с ко́шками.

Гуля́л то́лстый Лис — губерна́тор* э́того го́рода, ва́жно подня́в нос, и с ним — лиси́ца, держа́вшая в ла́пе цвето́к ночно́й фиа́лки.

Лиса́ Али́са шепну́ла:

— Э́то гуля́ют те, кто *посе́ял* де́ньги на По́ле Чуде́с... Сего́дня после́дняя ночь, когда́ мо́жно се́ять. К утру́ соберёшь ку́чу де́нег и наку́пишь всего́... Идём скоре́е...

Лиса́ и кот привели́ Бурати́но на *пусты́рь*... Перебива́я друг дру́га, говори́ли:

— *Рой я́мку.*

— Клади́ золоты́е.

— Посы́пь со́лью.

— Поле́й хороше́нько.

— Да не забу́дь сказа́ть: «Крекс, фекс, пекс»...

Бурати́но почеса́л нос, испа́чканный в черни́лах.

— А вы уйди́те всё-таки пода́льше...

— Да мы и смотре́ть не хоти́м, где ты заро́ешь де́ньги! — сказа́ла лиса́.

— Коне́чно! — сказа́л кот.

Они́ отошли́ немно́го и спря́тались за *ку́чей му́сора.*

Бурати́но вы́копал я́мку. Сказа́л три ра́за шёпотом: «Крекс, фекс, пекс», положи́л в я́мку четы́ре золоты́е моне́ты, засы́пал, из карма́на вы́нул соль, посы́пал све́рху. Набра́л из лу́жи воды́, поли́л.

И сел ждать, когда́ вы́растет де́рево...

Полице́йские хвата́ют Бурати́но и не даю́т ему́ сказа́ть ни одного́ сло́ва в своё оправда́ние

Лиса́ Али́са ду́мала, что Бурати́но уйдёт спать, а он всё сиде́л на му́сорной ку́че, терпели́во вы́тянув нос.

Тогда Алиса велела коту остаться караулить, а сама побежала в ближайшее полицейское отделение.

Там громко *храпел* дежурный бульдог*.

Лиса сказала ему:

— Господин мужественный дежурный, нельзя ли задержать одного *беспризорного* воришку? *Ужасная* опасность грозит всем богатым и почтенным гражданам этого города.

Дежурный бульдог так рявкнул, что под лисой со страха оказалась лужа.

— Воришка! Гам!

Лиса объяснила, что опасный воришка — Буратино — сидит на пустыре.

Дежурный, всё ещё рыча, позвонил. Ворвались два доберман-пинчера*, *сыщики*, которые никогда не спали, никому не верили и даже самих себя подозревали в преступлениях.

Дежурный приказал им доставить опасного преступника живым или мёртвым в отделение.

Сыщики ответили коротко:

— Тяф!

И помчались на пустырь.

Последние сто шагов они ползли на животах и вместе кинулись на Буратино, схватили его под мышки и потащили в отделение.

Буратино болтал ногами, умолял сказать — за что? За что? Сыщики отвечали:

— Там разберутся…

Лиса и кот, не теряя времени, выкопали четыре золотые монеты. Лиса так ловко начала делить деньги, что у кота оказалась одна монета, у неё — три.

Кот молча *вцепился* когтями ей в морду.

Лиса обхватила его лапами. И они оба катались по пустырю. Кошачья и лисья шерсть летела клочками в лунном свете.

После этого они разделили монеты поровну и в ту же ночь ушли из города.

Тем временем сыщики привели Буратино в отделение.

Дежурный бульдог вылез из-за стола и обыскал его карманы.

Не найдя ничего, кроме кусочка сахара и крошек миндального пирожного, дежурный сердито сказал Буратино:

— Ты совершил три преступления, негодяй: ты беспризорный, беспаспортный и безработный. Отвести его за город и утопить в *пруду*!

Сыщики ответили:

— Тяф!

Буратино пытался рассказать про папу Карло, про свои *приключения*… Всё напрасно!

Сы́щики подхвати́ли его́, потащи́ли за́ город и с моста́ бро́сили в глубо́кий гря́зный пруд, по́лный лягу́шек и *пия́вок*.

Бурати́но знако́мится с жи́телями пруда́, узнаёт о пропа́же четырёх золоты́х моне́т и получа́ет от *черепа́хи* Торти́лы золото́й клю́чик

Не ну́жно забыва́ть, что Бурати́но был деревя́нный и поэ́тому не мог *утону́ть*. Всё же он до того́ испуга́лся, что до́лго лежа́л на воде́.

Вокру́г него́ собрали́сь жи́тели пруда́: всем изве́стные свое́й глу́постью чёрные голова́стики, водяны́е жуки́, пия́вки.

Бурати́но *зашлёпал* пя́тками по воде́:

— Пошли́ прочь!

Он переверну́лся на живо́т и поплы́л.

На кру́глых ли́стьях водяны́х ли́лий* под луно́й сиде́ли лягу́шки и гляде́ли на Бурати́но.

Бурати́но, что́бы передохну́ть, вы́лез на большо́й куст водяно́й ли́лии. Сел на нём и сказа́л, стуча́ от хо́лода зуба́ми:

— Все ма́льчики и де́вочки напили́сь молока́, спят в тёплых крова́тках, оди́н я сижу́ на мо́кром листе́... Да́йте пое́сть чего́-нибудь, лягу́шки.

Лягушки одна за другой подскочили и нырнули на дно пруда.

Они принесли оттуда *дохлого* жука, крылышко *стрекозы* и несколько *гнилых* корешков.

Положили все эти съедобные вещи перед Буратино.

Буратино понюхал, попробовал угощенье лягушек.

— Какая гадость! — сказал он.

Тогда лягушки опять прыгнули в воду...

Из пруда появилась большая, страшная *змеиная* голова. Она поплыла к листу, где сидел Буратино.

Он едва не свалился в воду от страха.

Но это была не змея. Это была никому не страшная, пожилая черепаха Тортила.

— Ах ты, глупый, доверчивый мальчишка с коротенькими мыслями! — сказала Тортила. — Тебе надо сидеть дома и хорошо учиться! А ты оказался в Стране Дураков!

— Так я же хотел же добыть побольше золотых монет для папы Карло... Я очень хороший и благоразумный мальчик...

— Деньги твои украли кот и лиса, — сказала черепаха. — Они пробегали мимо пруда, остановились попить, и я слышала, как они *хвастались*, что выкопали твои деньги... Ох ты, глу́пый, дове́рчивый дурачо́к с коро́тенькими мы́слями!..

— Не руга́ться на́до, — проворча́л Бурати́но, — тут помо́чь на́до челове́ку... Что я тепе́рь бу́ду де́лать? Ой-ой-ой!.. Как я верну́сь к па́пе Ка́рло? Ай-ай-ай!..

Он тёр кулака́ми глаза́ и пла́кал так жа́лобно, что лягу́шки вдруг все вздохну́ли:

— Ух-ух... Торти́ла, помоги́ челове́ку.

Черепа́ха до́лго гляде́ла на луну́, что́-то вспомина́ла...

— Одна́жды я вот так же помогла́ одному́ челове́ку, а он пото́м из мое́й ба́бушки и моего́ де́душки наде́лал черепа́ховых *гребёнок*, — сказа́ла она́. И опя́ть до́лго гляде́ла на луну́. — Что ж, посиди́ тут, челове́чек, а я попо́лзаю по дну — мо́жет быть, найду́ одну́ поле́зную вещь.

Она́ ме́дленно опусти́лась под во́ду. Лягу́шки прошепта́ли:

— Черепа́ха Торти́ла зна́ет вели́кую та́йну.

Прошло́ до́лгое-до́лгое вре́мя.

Из воды́ появи́лась черепа́ха, держа́ во рту ма́ленький золото́й клю́чик.

Она́ положи́ла его́ на лист у ног Бурати́но.

— Глу́пый, дове́рчивый дурачо́к с коро́тенькими мы́слями, — сказа́ла Торти́ла, — не *огорча́йся*, что лиса́ и кот укра́ли у тебя́ золоты́е монéты. Я даю́ тебé э́тот клю́чик. Егó уронѝл на дно пруда́ человéк с бородóй такóй длины́, что он её засóвывал в карма́н, что́бы она́ не меша́ла ему́ ходи́ть. Ах, как он проси́л, что́бы я отыска́ла на дне э́тот клю́чик!..

Тортѝла вздохну́ла, помолча́ла и опя́ть вздохну́ла…

— Но я не помогла́ ему́, я тогда́ была́ о́чень серди́та на людéй за мою́ ба́бушку и моегó дéдушку, потому́ что лю́ди из них надéлали черепа́ховых гребёнок. Борода́тый человéк мно́го расска́зывал про э́тот клю́чик, но я всё забы́ла. По́мню то́лько, что ну́жно откры́ть им каку́ю-то дверь и э́то принесёт сча́стье…

У Бурати́но заби́лось сéрдце. Он сра́зу забы́л все свои́ несча́стья. Положи́л в карма́н ку́рточки клю́чик, вéжливо поблагодари́л черепа́ху Тортѝлу и лягу́шек, пры́гнул в вóду и поплы́л к бéрегу.

Когда́ он показа́лся на краю́ бéрега, лягу́шки кри́кнули ему́ вслед:

— Бурати́но, не потеря́й клю́чик!

Бурати́но бежи́т из Страны́ Дуракóв и встреча́ет това́рища по несча́стью

Черепа́ха Тортѝла не указа́ла доро́ги из Страны́ Дуракóв.

Буратино бежал куда глаза глядят*. За чёрными деревьями блестели звёзды. Вдруг впереди Буратино запрыгал серый *комочек*. Сейчас же послышался собачий лай.

Мимо Буратино *промчались* два полицейских бульдога из Города Дураков.

Серый комочек бросился с дороги вбок. Бульдоги — за ним.

Когда топот и лай ушли далеко, Буратино побежал так быстро, что звёзды быстро-быстро поплыли за чёрными деревьями.

Вдруг серый комочек опять перескочил дорогу. Буратино успел разглядеть, что это заяц, а на нём верхом, держа его за уши, сидит бледный маленький человечек.

Бульдоги вслед за зайцем перескочили дорогу, и опять всё стихло.

В третий раз серый заяц перескочил дорогу. Маленький человечек, задев головой за ветку, свалился с его спины и упал под ноги Буратино.

— Держи его! — проскакали вслед за зайцем полицейские бульдоги: глаза их были так налиты злостью, что не заметили Буратино и бледного человечка.

— Прощай, Мальвина, прощай навсегда! — пропищал человечек.

Буратино наклонился над ним и с удивлением увидел, что это был Пьеро в белой руба́шке с дли́нными рукава́ми. Он лежа́л голово́й вниз и, очеви́дно, счита́л себя́ уже́ мёртвым и пропища́л зага́дочную фра́зу: «Проща́й, Мальви́на, проща́й навсегда́!» — расстава́ясь с жи́знью.

Бурати́но потяну́л его́ за́ ногу — Пьеро́ не *шевели́лся*. Тогда́ Бурати́но приста́вил пия́вку к но́су Пьеро́.

Пия́вка укуси́ла его́ за́ нос. Пьеро́ бы́стро сел, замота́л голово́й, отодра́л пия́вку и простона́л:

— Ах, я ещё жив, ока́зывается!

Бурати́но схвати́л его́ за щёки, бе́лые, как зубно́й порошо́к, целова́л, спра́шивал:

— Как ты сюда́ попа́л? Почему́ ты скака́л верхо́м на се́ром за́йце?

— Бурати́но, Бурати́но, — отве́тил Пьеро́, огля́дываясь, — спрячь меня́ поскоре́е... Ведь соба́ки гнали́сь не за се́рым за́йцем — они́ гнали́сь за мной... Синьо́р Караба́с Караба́с *пресле́дует* меня́ день и ночь. Он на́нял в Го́роде Дурако́в полице́йских соба́к и реши́л схвати́ть меня́ живы́м и́ли мёртвым.

Вдали́ опя́ть зала́яли псы. Бурати́но схвати́л Пьеро́ за рука́в и потащи́л его́ в за́росли мимо́зы*.

Там Пьеро́ шёпотом на́чал расска́зывать ему́:

— Понима́ешь, Бурати́но, одна́жды но́чью шуме́л ве́тер, лил дождь...

Пьеро́ расска́зывает, каки́м о́бразом он, верхо́м на за́йце, попа́л в Страну́ Дурако́в

— Понима́ешь, Бурати́но, одна́жды но́чью шуме́л ве́тер, лил си́льный дождь. Синьо́р Караба́с Караба́с сиде́л о́коло очага́ и кури́л тру́бку.

Все ку́клы уже́ спа́ли. Я оди́н не спал. Я ду́мал о де́вочке с голубы́ми волоса́ми...

— Нашёл о ком ду́мать, вот дура́к! — сказа́л Бурати́но. — Я вчера́ ве́чером убежа́л от э́той девчо́нки ...

— Как? Ты ви́дел де́вочку с голубы́ми волоса́ми? Ты ви́дел мою́ Мальви́ну?

— Она́ же пла́кса...

Пьеро́ вскочи́л, разма́хивая рука́ми.

— Веди́ меня́ к ней... Е́сли ты мне помо́жешь отыска́ть Мальви́ну, я тебе́ откро́ю та́йну золото́го клю́чика...

— Как! — закрича́л Бурати́но ра́достно. — Ты зна́ешь та́йну золото́го клю́чика?

— Зна́ю, где клю́чик лежи́т, как его́ доста́ть, зна́ю, что им ну́жно откры́ть одну́ две́рцу... Я подслу́шал та́йну, и поэ́тому синьо́р Караба́с

Барабас разыскивает меня с полицейскими собаками.

Буратино ужасно захотелось сейчас же похвастаться, что таинственный ключик лежит у него в кармане. Чтобы не проговориться, он стащил с головы колпачок и засунул его в рот.

Пьеро умолял вести его к Мальвине. Буратино при помощи пальцев объяснил этому дуралею, что сейчас темно и опасно, а вот когда рассветёт — они побегут к девчонке.

Заставив Пьеро опять спрятаться под кусты мимозы, Буратино проговорил шерстяным голосом, так как рот его был заткнут колпачком:

— Рассказывай...

— Так вот, — однажды ночью шумел ветер...

— Про это ты уже рассказывал...

— Так вот, — продолжал Пьеро, — я не сплю и вдруг слышу: в окно кто-то громко постучался. Синьор Карабас Барабас заворчал: «Кто это?»

«Это я — Дуремар, — ответили за окном, — продавец лечебных пиявок. Позвольте мне обсушиться у огня».

Мне, понимаешь, очень захотелось посмотреть, какие бывают продавцы лечебных пиявок. Я потихоньку отогнул угол занавески и просунул голову в комнату. И вижу: синьор

Карабас Барабас поднялся с кресла, наступил, как всегда, на бороду и открыл дверь.

Вошёл длинный, мокрый-мокрый человек с маленьким-маленьким, сморщенным лицом. На нём было старое зелёное пальто. В руках он держал *жестяную* банку и *сачок*.

«Если у вас болит живот, — сказал он, кланяясь, будто спина у него была сломана посередине, — если у вас сильная головная боль или стучит в ушах, я могу вам приставить за уши полдюжины* превосходных пиявок».

Синьор Карабас Барабас проворчал: «К чёрту, никаких пиявок! Можете сушиться у огня сколько хотите».

Дуремар стал спиной к очагу.

Сейчас же от его зелёного пальто пошёл пар.

«Плохо идёт торговля пиявками, — сказал он опять. — За кусок холодной свинины и стакан вина я готов вам приставить к ноге дюжину прекраснейших пиявок...»

«К чёрту, никаких пиявок! — закричал Карабас Барабас. — Ешьте свинину и пейте вино».

Дуремар начал есть свинину. Поев и выпив, он попросил табаку.

«Синьор, я сыт и согрет, — сказал он. — Чтобы отплатить за ваше гостеприимство, я вам открою тайну».

Синьо́р Караба́с Бараба́с отве́тил: «Есть то́лько одна́ та́йна на све́те, кото́рую я хочу́ знать. Всё остально́е меня́ не интересу́ет».

«Синьо́р, — опя́ть сказа́л Дурема́р, — я зна́ю вели́кую та́йну, её сообщи́ла мне черепа́ха Торти́ла».

При э́тих слова́х Караба́с Бараба́с *вы́пучил* глаза́, вскочи́л, запу́тался в бороде́, полете́л пря́мо на испу́ганного Дурема́ра, прижа́л его́ к животу́ и зареве́л, как *бык*: «*Любе́знейший Дурема́р, драгоце́ннейший Дурема́р*, говори́, говори́ скоре́е, что тебе́ сообщи́ла черепа́ха Торти́ла!»

Тогда́ Дурема́р рассказа́л ему́ сле́дующую исто́рию:

«Я лови́л пия́вок в одно́м гря́зном пруду́ о́коло Го́рода Дурако́в. За четы́ре со́льдо в день я нанима́л одного́ бе́дного челове́ка — он раздева́лся, заходи́л в пруд по ше́ю и стоя́л там, пока́ к его́ го́лому те́лу не *приса́сывались* пия́вки.

Тогда́ он выходи́л на бе́рег, я собира́л с него́ пия́вки и опя́ть посыла́л его́ в пруд.

Когда́ мы вы́ловили таки́м о́бразом доста́точное коли́чество, из воды́ вдруг показа́лась змеи́ная голова́.

— Послу́шай, Дурема́р, — сказа́ла голова́, — ты перепуга́л всё населе́ние на́шего прекрасного пруда, ты *мутишь* воду, ты не даёшь мне спокойно отдыхать после завтрака... Когда кончится это *безобразие?..*

Я увидел, что это обыкновенная черепаха, и, нисколько не боясь, ответил:

— Пока не выловлю всех пиявок в вашей грязной луже...

— Я готова откупиться от тебя, Дуремар, чтобы ты оставил в покое наш пруд и больше никогда не приходил.

Тогда я стал *издеваться* над черепахой:

— Ах ты, глупая тётка Тортила, чем ты можешь от меня откупиться?

Черепаха позеленела от злости и сказала мне:

— На дне пруда лежит волшебный ключик... Я знаю одного человека, — он готов сделать всё на свете, чтобы получить этот ключик...

Не успел Дуремар произнести эти слова, как Карабас Барабас закричал: «Этот человек — я! я! я! Любезнейший Дуремар, так отчего же ты не взял у черепахи ключик?»

— Зачем? — променять прекрасных пиявок на какой-то ключик...

Короче говоря, мы разругались с черепахой, и она, подняв из воды лапу, сказала:

— *Клянусь,* ни ты и никто другой не получат волшебного ключика. Клянусь — его получит только тот человек, кто заставит всё население пруда просить меня об этом...

С поднятой лапой черепаха погрузилась в воду.

«Не теряя ни секунды, бежать в Страну Дураков! — закричал Карабас Барабас, торопливо засовывая конец бороды в карман, хватая шапку и фонарь. — Я сяду на берег пруда. Я буду мило улыбаться. Я буду умолять лягушек, головастиков, водяных жуков, чтобы они просили черепаху... Я обещаю им полтора миллиона самых жирных мух... Я стану на колени перед самым маленьким лягушонком... Ключик должен быть у меня! Я пойду в город, я войду в один дом, в комнату под лестницей... Я отыщу маленькую дверцу — мимо неё все ходят, и никто не замечает её. Всуну ключик в замочную скважину*...»

В это время, понимаешь, Буратино, — рассказывал Пьеро, — мне так стало интересно, что я весь высунулся из-за занавески.

Синьор Карабас Барабас увидел меня: «Ты подслушиваешь!» И он кинулся, чтобы схватить меня и бросить в огонь, но опять запутался в бороде и упал на пол.

Не помню, как я оказался за окном. В темноте шумел ветер и лил дождь.

Над мое́й голово́й чёрная ту́ча освети́лась мо́лнией, и в десяти́ шага́х сза́ди я уви́дел бегу́щих Караба́са Бараба́са и продавца́ пия́вок...
Я поду́мал: «Поги́б», споткну́лся, упа́л на что́-то мя́гкое и тёплое, схвати́лся за чьи́-то у́ши...

Э́то был се́рый за́яц. Он от стра́ха высоко́ подскочи́л, но я кре́пко держа́л его́ за́ уши, и мы поскака́ли в темноте́ че́рез поля́, виногра́дники, *огоро́ды*.

Когда́ за́яц устава́л и сади́лся, я целова́л его́ в ло́бик.

«Ну пожа́луйста, ну ещё немно́жко поска́чем, се́ренький...»

За́яц вздыха́л, и опя́ть мы мча́лись неизве́стно куда́ — то впра́во, то вле́во...

Когда́ взошла́ луна́, я уви́дел под горо́й ма́ленький го́род.

По доро́ге к го́роду бежа́ли Караба́с Бараба́с и продаве́ц пия́вок.

За́яц сказа́л: «Эхе-хе́, вот оно́, за́ячье сча́стье! Они́ иду́т в Го́род Дурако́в, что́бы наня́ть полице́йских соба́к. Всё, мы *пропа́ли!*»

За́яц уткну́лся но́сом в ла́пы и пове́сил у́ши.

Я проси́л, я пла́кал, я да́же кла́нялся ему́ в но́ги. За́яц не дви́гался.

Но когда́ из го́рода вы́скочили два бульдо́га с чёрными повя́зками на пра́вых ла́пах, за́яц мелко задрожал всем телом, я едва успел вскочить на него верхом, и он побежал по лесу... Остальное ты сам видел, Буратино.

Пьеро окончил рассказ, и Буратино спросил его осторожно:

— А в каком доме, в какой комнате под лестницей находится дверца, которую отпирает ключик?

— Карабас Барабас не успел рассказать об этом... Ах, не всё ли нам равно — ключик на дне озера... Мы никогда не увидим счастья...

— А это ты видел? — крикнул ему в ухо Буратино. И, вытащив из кармана ключик, повертел им перед носом Пьеро. — Вот он!

Буратино и Пьеро приходят к Мальвине, но им сейчас же приходится бежать вместе с Мальвиной и пуделем Артемоном

Когда солнце поднялось над горной вершиной, Буратино и Пьеро вылезли из-под куста и побежали через поле, по которому вчера ночью летучая мышь увела Буратино из дома девочки с голубыми волосами в Страну Дураков.

На Пьеро смешно было смотреть — так он спешил поскорее увидеть Мальвину.

— Послушай, — спрашивал он через каждые пятнадцать секунд, — Буратино, а что, она мне обрадуется?

— А я откуда знаю...

Через пятнадцать секунд опять:

— Послушай, Буратино, а вдруг она не обрадуется?

— А я откуда знаю...

Наконец они увидели белый домик с нарисованными на ставнях солнцем, луной и звёздами.

Из трубы поднимался дымок.

Пудель Артемон сидел на крыльце.

Буратино не очень хотелось возвращаться к девочке с голубыми волосами. Но он был голоден и ещё издалека он почувствовал запах кипячёного молока.

— Если девчонка опять надумает нас воспитывать, напьёмся молока — и ни за что я здесь не останусь.

В это время Мальвина вышла из домика. В одной руке она держала кофейник, в другой — *корзиночку* с печеньем.

Глаза у неё всё ещё были заплаканные — она была уверена, что крысы утащили Буратино из чулана и съели.

Только она уселась за кукольный стол на песчаной дорожке, как появились Буратино и Пьеро.

Пьеро́ при ви́де Мальви́ны на́чал говори́ть таки́е глу́пые слова́, что мы их здесь не приво́дим.

Бурати́но сказа́л:

— Вот я его́ привёл — воспи́тывайте...

Мальви́на наконе́ц поняла́, что э́то не сон.

— Ах, како́е сча́стье! — прошепта́ла она́, но сейча́с же приба́вила взро́слым го́лосом: — Ма́льчики, иди́те неме́дленно мы́ться и чи́стить зу́бы.

Они́ помы́лись. Артемо́н ки́сточкой на конце́ хвоста́ почи́стил им ку́рточки...

Се́ли за стол. Бурати́но стал жа́дно хвата́ть еду́. Пьеро́ да́же не надкуси́л ни кусо́чка пиро́жного; он гляде́л на Мальви́ну так, бу́дто она́ была́ сде́лана из минда́льного те́ста. Ей э́то наконе́ц надое́ло.

— Ну, — сказа́ла она́ ему́, — что вы тако́е уви́дели у меня́ на лице́? За́втракайте, пожа́луйста, споко́йно.

— Мальви́на, — отве́тил Пьеро́, — я давно́ уже́ ничего́ не ем, я сочиня́ю стихи́...

Бурати́но засмея́лся.

Мальви́на удиви́лась и опя́ть широко́ раскры́ла глаза́.

— В тако́м слу́чае — почита́йте ва́ши стихи́.

Пьеро́ на́чал чита́ть:

Мальви́на бежа́ла в чужи́е края́,
Мальви́на пропа́ла, неве́ста моя́...
Рыда́ю, не зна́ю — куда́ мне дева́ться...
Не лу́чше ли с ку́кольной жи́знью

        расста́ться?

Не успе́л Пьеро́ прочита́ть, не успе́ла Мальви́на похвали́ть стихи́, кото́рые ей о́чень понра́вились, как на песча́ной доро́жке появи́лась жа́ба.

Она́ проговори́ла:

— Сего́дня но́чью вы́жившая из ума́* черепа́ха Торти́ла рассказа́ла Караба́су Бараба́су всё про золото́й клю́чик...

Мальви́на испу́ганно вскри́кнула, хотя́ ничего́ не поняла́.

Бурати́но сра́зу вскочи́л и на́чал засо́вывать в карма́ны пече́нье, са́хар и конфе́ты.

— Бежи́м как мо́жно скоре́е. Если полице́йские соба́ки приведу́т сюда́ Караба́са Бараба́са — мы *поги́бли.*

Мальви́на побледне́ла. Пьеро́, поду́мав, что она́ умира́ет, опроки́нул на неё кофе́йник, и хоро́шенькое пла́тье Мальви́ны оказа́лось зали́тым кака́о.

Подскочи́вший с гро́мким ла́ем Артемо́н — о́н-то и стира́л Мальви́нины пла́тья — схвати́л

Пьеро *за шиворот* и начал трясти, пока Пьеро не проговорил:

— Не надо, пожалуйста...

Жаба опять сказала:

— Карабас Барабас с полицейскими собаками будет здесь через четверть часа...

Мальвина побежала переодеваться. Артемон тащил узлы* с домашними вещами.

Только Буратино не растерялся. Он положил на Артемона два узла с самыми необходимыми вещами. На узлы посадил Мальвину, одетую в хорошенькое дорожное платье. Пьеро он велел держаться за собачий хвост. Сам стал впереди:

— Никакой *паники!* Бежим!

Когда они — то есть Буратино, Мальвина, Артемон и Пьеро — вышли из густой травы на гладкое поле, — из леса высунулась борода Карабаса Барабаса. Он ладонью *защитил* глаза от солнца и оглядывал *окрестности.*

Страшный бой на *опушке леса*

Синьор Карабас держал *на привязи* двух полицейских собак. Увидев на ровном поле беглецов, он закричал и спустил собак.

Свирепые псы медленно пошли к тому месту, где в ужасе остановились Буратино, Артемон, Пьеро и Мальвина.

Казалось, всё погибло. Карабас Барабас шёл за полицейскими псами.

Артемон поджал хвост и злобно рычал. Мальвина шептала:

— Боюсь, боюсь!

Пьеро опустил рукава и глядел на Мальвину, уверенный, что всё кончено.

Первым опомнился Буратино.

— Пьеро, — закричал он, — бери за руку девчонку, бегите к озеру, где лебеди!.. Артемон, снимай часы — будешь драться!..

Мальвина сразу соскочила с Артемона и побежала к озеру. Пьеро — за ней.

Артемон снял с лапы часы и бант с кончика хвоста.

Буратино взобрался на вершину итальянской сосны и оттуда громко закричал:

— Звери, птицы, насекомые! Наших бьют! Спасайте ни в чём не виноватых деревянных человечков!..

Полицейские бульдоги будто бы только сейчас увидели Артемона и кинулись на него. Ловкий пудель увернулся и укусил одного пса за короткий хвост, другого за ногу.

Бульдоги снова кинулись на пуделя. Он высоко подскочил, пропустив их под собой, и опять успел *ободрать* одному бок, другому — спину.

В третий раз бросились на него бульдоги. Тогда Артемон помчался кругами по полю, то подпуская близко полицейских псов, то кидаясь в сторону перед самым их носом...

Бульдоги теперь по-настоящему разозлились, побежали за Артемоном, готовые лучше умереть, но добраться до горла пуделя.

Тем временем Карабас Барабас подошёл к итальянской сосне, схватил за ствол и начал трясти:

— Слезай, слезай!

Буратино руками, ногами, зубами держался за ветку. Карабас Барабас затряс дерево так, что закачались все *шишки* на ветвях.

На итальянской сосне шишки *колючие* и тяжёлые, величиной с небольшую дыню. Если такая шишка упадёт на голову — больно будет!

Буратино с трудом держался на качающейся ветке. Он видел, что Артемон уже высунул язык от усталости и скачет всё медленнее.

— Отдавай ключик! — закричал Карабас Барабас.

Буратино полез по ветке, добрался до большой шишки и начал перекусывать стебель, на котором она висела. Карабас Барабас тряхнул сильнее, и тяжёлая шишка полетела вниз — бах! — прямо ему в большой рот.

Карабас Барабас даже присел.

Буратино отодрал вторую шишку, и она — бах! — Карабасу Барабасу прямо в голову.

— Наших бьют! — опять закричал Буратино. — На помощь ни в чём не виноватым деревянным человечкам!

Первыми на помощь прилетели *стрижи* — они начали летать перед носом у бульдогов.

Псы напрасно *щёлкали* зубами — стриж не муха: как *молния* — ж-жик мимо носа!

На бульдогов упал чёрный *коршун* — который обычно приносил Мальвине дичь; он *вонзил* когти в спину полицейской собаки, взлетел на великолепных крыльях, поднял пса и выпустил его…

Пёс завизжал и упал кверху лапами.

Артемон сбоку налетел на другого пса, ударил его грудью, повалил, укусил, отскочил…

И опять помчались по полю вокруг сосны Артемон и за ним покусанные полицейские псы.

На помощь Артемону шли жабы. Они тащили двух *ужей*, ослепших от старости. Ужам всё равно нужно было помирать. Жабы уговорили их погибнуть геройской смертью.

Благородный Артемон решил теперь вступить в открытый бой.

Бульдо́ги налете́ли на него́, и все втроём покати́лись. Визг и вой стоя́ли по всему́ по́лю.

На по́мощь Артемо́ну шло семе́йство *еже́й*: сам ёж, ежи́ха, ежо́ва тёща, две ежо́вые незаму́жние тётки и ма́ленькие ежа́та.

Лете́ли, гуде́ли то́лстые *шмели́*. Ползли́ *жу́желицы* и куса́чие жуки́ с дли́нными уса́ми.

Все зве́ри, пти́цы и насеко́мые хра́бро наки́нулись на полице́йских соба́к.

Ёж, ежи́ха, ежо́ва тёща, две ежо́вые незаму́жние тётки и ма́ленькие ежа́та свора́чивались *клубко́м* и со ско́ростью ударя́ли иго́лками бульдо́гов в мо́рду.

Шмели́ с налёта *жа́лили* их отра́вленными жа́лами. Серьёзные *муравьи́* не спеша́ залеза́ли в но́здри и там пуска́ли ядови́тую муравьи́ную кислоту́.

Жу́желицы и жуки́ куса́ли за пупо́к.

Ко́ршун *клева́л* то одного́ пса, то друго́го криви́м клю́вом в го́лову.

Ба́бочки и му́хи лета́ли пе́ред их глаза́ми, закрыва́я свет.

Жа́бы держа́ли нагото́ве двух уже́й, гото́вых умере́ть геро́йской сме́ртью.

И вот, когда́ оди́н из бульдо́гов широко́ рази́нул пасть, что́бы вы́чихнуть ядови́тую муравьи́ную кислоту́, ста́рый слепо́й уж бросился головой вперёд ему в глотку и пролез в пищевод.

То же случилось и с другим бульдогом: второй слепой уж кинулся ему в пасть.

Оба пса, задыхаясь, начали беспомощно кататься по земле.

Благородный Артемон вышел из боя победителем.

Тем временем Карабас Барабас вытащил наконец из огромного рта колючую шишку.

От удара по голове он *шатался*. Ветер развевал его бороду.

Буратино заметил, сидя на самой верхушке, что конец бороды Карабаса Барабаса приклеился к *смолистому* стволу.

Буратино стал его дразнить:

— Дяденька, не догонишь, дяденька, не догонишь!..

Спрыгнул на землю и начал бегать вокруг сосны. Карабас Барабас, протянув руки, чтобы схватить мальчишку, побежал за ним, вокруг дерева.

Обежал раз, обежал другой, обежал в третий раз...

Борода его *обматывалась* вокруг ствола, плотно приклеивалась к смоле.

Когда борода окончилась и Карабас Барабас уткнулся носом в дерево, Буратино показал ему длинный язык и побежал к озеру — искать Мальвину и Пьеро.

На поле остались два полицейских пса и доктор кукольных наук синьор Карабас Барабас, плотно приклеенный бородой к итальянской сосне.

В пещере*

Мальвина и Пьеро сидели в *камышах*.

Издалека доносились шум и визг — это Артемон и Буратино, очевидно, дорого продавали свою жизнь.

— Боюсь, боюсь! — повторяла Мальвина и горько плакала.

Пьеро пытался успокоить её стихами:

> Мы сидим на *кочке*,
> Где растут цветочки —
> Жёлтые, приятные,
> Очень ароматные.
> Будем жить всё лето
> Мы на кочке этой,
> Ах, — в уединении,
> Всем на удивление...

Мальвина затопала на него ногами:
— Вы мне надоели, надоели, мальчик!
Внезапно шум и визг вдали затихли.

Мальвина медленно всплеснула руками:

— Артемон и Буратино погибли...

Наконец послышались шаги. Они думали, что это шёл Карабас Барабас, чтобы грубо схватить и засунуть в свои огромные карманы Мальвину и Пьеро. Но появился Буратино, за ним прихрамывал Артемон...

— Тоже — захотели со мной драться! — сказал Буратино, не обращая внимания на радость Мальвины и Пьеро. — Не боюсь я кота, лису, полицейских собак и даже Карабаса Барабаса! Девчонка, полезай на собаку, мальчишка, держись за хвост. Пошли...

Мальвина и Пьеро не смели даже спросить его, чем кончился бой с полицейскими собаками и почему за ними не бежит Карабас Барабас.

Когда добрались до того берега озера, благородный Артемон начал *скулить* и хромать на все лапы. Надо было остановиться, чтобы перевязать ему раны. Под огромной сосной они увидели пещеру.

Благородная собака сначала облизывала каждую лапу, потом протягивала её Мальвине. Буратино рвал Мальвинину старую рубашку на бинты, Пьеро их держал, Мальвина перевязывала лапы.

После перевязки Артемону поставили градусник, и собака спокойно заснула.

Буратино сказал:

— Пьеро, иди к озеру, принеси воды.

Пьеро послушно пошёл, читая на ходу стихи, по дороге потерял крышку, принёс воды на дне чайника.

Буратино сказал:

— Мальвина, набери веток для *костра*.

Мальвина принесла несколько сухих веточек.

Буратино сказал:

— Вот наказание с этими хорошо воспитанными...

Сам принёс воды, сам набрал веток и сосновых шишек, сам развёл у входа в пещеру костёр... Сам сварил какао на воде.

— Быстро! Садитесь завтракать...

Мальвина всё это время молчала, поджав губы. Но теперь она сказала — очень твёрдо, взрослым голосом:

— Не думайте, Буратино, что если вы дрались с собаками и победили, спасли нас от Карабаса Барабаса и в дальнейшем вели себя мужественно, то вас это избавляет от необходимости мыть руки и чистить зубы перед едой...

Мальви́на вы́шла из пеще́ры и хло́пнула в ладо́ши:

— Ба́бочки, гу́сеницы, жуки́, жа́бы...

Не прошло́ мину́ты — прилете́ли больши́е ба́бочки. Приползли́ гу́сеницы, жуки́. Появи́лись жа́бы...

Ба́бочки, взма́хивая кры́льями, се́ли на сте́ны пеще́ры, что́бы внутри́ бы́ло краси́во и осы́павшаяся земля́ не попада́ла в еду́.

Жуки́ ска́тывали в ша́рики весь му́сор на полу́ пеще́ры и выки́дывали их прочь.

Жи́рная бе́лая гу́сеница вползла́ на го́лову Бурати́но и, све́сившись с его́ но́са, вы́давила немно́го па́сты ему́ на зу́бы. Хо́чешь не хо́чешь — пришло́сь их почи́стить.

Друга́я гу́сеница почи́стила зу́бы Пьеро́.

Влете́л весёлый удо́д* с кра́сным хохолко́м.

— Кого́ причеса́ть?

— Меня́, — сказа́ла Мальви́на. — Заве́йте и причеши́те...

— А где же зе́ркало?

Тогда́ жа́бы сказа́ли:

— Мы принесём...

Де́сять жаб отпра́вились к о́зеру. Вме́сто зе́ркала они́ принесли́ зерка́льного ка́рпа*, тако́го жи́рного и со́нного, что ему́ бы́ло всё равно́, куда́ его́ та́щат. Ка́рпа поста́вили на хвост пе́ред Мальви́ной. Что́бы он не задыха́лся, ему́ в рот ли́ли из ча́йника во́ду.

Удо́д зави́л и причеса́л Мальви́ну.

— Гото́во!

И — ффрр! — вы́летел из пеще́ры.

Жа́бы утащи́ли зерка́льного ка́рпа обра́тно в о́зеро. Бурати́но и Пьеро́ вы́мыли ру́ки и да́же ше́ю. Мальви́на разреши́ла сесть за́втракать.

По́сле за́втрака, смахну́в кро́шки с коле́н, она́ сказа́ла:

— Бурати́но, мой друг, в про́шлый раз мы с ва́ми останови́лись на дикта́нте. Продо́лжим уро́к...

Бурати́но захоте́лось вы́скочить из пеще́ры — куда́ глаза́ глядя́т. Но нельзя́ же бы́ло бро́сить беспо́мощных това́рищей и больну́ю соба́ку! Он проворча́л:

— Пи́сьменных принадле́жностей не взя́ли...

— Непра́вда, взя́ли, — простона́л Артемо́н.

Допо́лз до узла́, зуба́ми развяза́л его́ и вы́тащил пузырёк с черни́лами, тетра́дь и да́же ма́ленький гло́бус.

В э́то вре́мя послы́шались гру́бые голоса́, — ми́мо пеще́ры прошли́ продаве́ц лече́бных пия́вок Дурема́р и Караба́с Бараба́с.

На лбу у директора кукольного театра была красная огромная шишка, нос *распух*, борода — в смоле.

Охая и ругаясь, он говорил:

— Они далеко не могли убежать. Они где-нибудь здесь, в лесу.

Несмотря ни на что, Буратино решает узнать у Карабаса Барабаса тайну золотого ключика

Карабас Барабас и Дуремар медленно прошли мимо пещеры.

Во время боя продавец лечебных пиявок в страхе сидел за кустом. Когда всё кончилось, он подождал, пока Артемон и Буратино скроются в густой траве, и тогда только с большими трудностями оторвал от ствола итальянской сосны бороду Карабаса Барабаса.

— Придётся вам приставить к затылку две дюжины самых лучших пиявок, — сказал Дуремар.

Карабас Барабас заревел:

— Сто тысяч чертей! Быстро побежали за негодяями!..

Карабас Барабас и Дуремар пошли по следам беглецов. Они раздвигали руками траву, осматривали каждый куст.

Они видели дымок костра у старой сосны, но они и подумать не могли, что в этой пещере скрывались деревянные человечки да ещё зажгли костёр.

— Этого негодяя Буратино разрежу перочинным ножом на кусочки! — ворчал Карабас Барабас.

Беглецы спрятались в пещере.

Что теперь делать? Бежать? Но Артемон, весь забинтованный, крепко спал. Пёс должен был спать двадцать четыре часа, чтобы зажили раны.

Неужели же бросить благородную собаку одну в пещере?

Нет, нет, спасаться — так всем вместе, погибать — так всем вместе...

Буратино, Пьеро и Мальвина в глубине пещеры долго *совещались*. Решили: прождать здесь до утра, вход в пещеру *замаскировать* ветками и для скорейшего выздоровления Артемону сделать питательную клизму. Буратино сказал:

— Я всё-таки хочу обязательно узнать у Карабаса Барабаса, где эта дверца, которую открывает золотой ключик. За дверцей хранится что-нибудь замечательное, удивительное... И оно должно принести нам счастье.

— Бою́сь без вас остава́ться, бою́сь, — простона́ла Мальви́на.

— А Пьеро́?

— Ах, он то́лько чита́ет стихи́...

— Я бу́ду защища́ть Мальви́ну, как лев, — проговори́л Пьеро́ хри́плым го́лосом, каки́м разгова́ривают кру́пные хи́щники, — вы меня́ ещё не зна́ете...

— Молоде́ц, Пьеро́, давно́ бы так!

И Бурати́но побежа́л по следа́м Караба́са Бараба́са и Дурема́ра.

Он их вско́ре уви́дел. Дире́ктор ку́кольного теа́тра сиде́л на берегу́ ручья́, Дурема́р ста́вил ему́ на ши́шку *компре́сс* из ли́стьев.

— Синьо́р, нам необходи́мо пое́сть, — говори́л Дурема́р, — по́иски негодя́ев мо́гут продолжа́ться до по́здней но́чи.

— Я бы съел сейча́с це́лого поросёночка да па́рочку у́точек, — мра́чно отве́тил Караба́с Бараба́с.

Прия́тели побрели́ к харче́вне «Трёх пескаре́й» — её вы́веска видне́лась на приго́рке. Но скоре́е, чем Караба́с Бараба́с и Дурема́р, помча́лся туда́ Бурати́но.

Около двере́й харче́вни Бурати́но подкра́лся к большо́му петуху́, кото́рый, найдя́ зёрнышко, *го́рдо* звал кур на угоще́ние:

— Ко-ко-ко!

Буратино протянул ему на ладони крошки миндального пирожного:

— Угощайтесь, синьор главнокомандующий.

Петух строго взглянул на деревянного мальчишку, но не удержался и *клюнул* его в ладонь.

— Ко-ко-ко!..

— Синьор главнокомандующий, мне нужно бы пройти в харчевню, но так, чтобы хозяин меня не заметил. Я спрячусь за ваш великолепный разноцветный хвост, и вы доведёте меня до самого очага. Ладно?

— Ко-ко! — ещё более гордо произнёс петух.

Он ничего не понял, но, чтобы не показать, что ничего не понял, важно пошёл к открытой двери харчевни. Буратино прикрылся его хвостом и пробрался на кухню, к самому очагу, где был хозяин харчевни.

— Пошёл прочь, старое бульонное мясо! — крикнул на петуха хозяин и так поддал ногой, что петух — кудах-тах-тах! — с отчаянным криком вылетел на улицу к перепуганным курам.

Буратино, незамеченный, шмыгнул мимо ног хозяина и присел за большим *глиняным* кувшином.

В это время послышались голоса Карабаса Барабаса и Дуремара.

Хозяин, низко кланяясь, вышел им навстречу.

Буратино влез внутрь глиняного кувшина и затих.

Буратино узнаёт тайну золотого ключика

Карабас Барабас и Дуремар поели жареного поросёночка. Хозяин подливал вина в стаканы.

Карабас Барабас сказал хозяину:

— Плохое у тебя вино, налей-ка мне вон из того кувшина! — И указал на кувшин, где сидел Буратино.

— Синьор, этот кувшин пуст, — ответил хозяин.

— Врёшь, покажи.

Тогда хозяин поднял кувшин и перевернул его. Буратино изо всей силы упёрся локтями в бока кувшина, чтобы не вывалиться.

— Там что-то чернеется, — прохрипел Карабас Барабас.

— Там что-то белеется, — подтвердил Дуремар.

— Синьоры, кувшин пуст!

— В таком случае ставь его на стол — мы будем кидать туда кости.

Кувшин, где сидел Буратино, поставили между директором кукольного театра и продавцом лечебных пиявок. На голову Буратино посыпались кости и корки.

Карабас Барабас, выпив много вина, протянул к огню очага бороду, чтобы с неё капала налипшая смола.

— Положу Буратино на ладонь, — хвастливо говорил он, — другой ладонью прихлопну.

— Негодяй вполне этого заслуживает, — подтверждал Дуремар, — но сначала к нему хорошо бы приставить пиявок, чтобы они высосали всю кровь...

— Нет! — стучал кулаком Карабас Барабас. — Сначала я отниму у него золотой ключик...

В разговор вмешался хозяин — он уже знал про бегство деревянных человечков.

— Синьор, вам нечего утомлять себя поисками. Сейчас я позову двух сильных ребят, пока вы пьёте вино, они быстро обыщут весь лес и притащат сюда Буратино.

— Ладно. Посылай ребят, — сказал Карабас Барабас, подставляя к огню огромные подошвы. И так как он был уже пьян, то громко запел песню:

> Мой народец странный,
> Глупый, деревянный.
> Кукольный владыка,
> Вот кто я, поди-ка...
> Грозный Карабас,
> Славный Барабас...
> Куклы предо мною
> *Стелются* травою.
> Будь ты хоть красотка —
> У меня есть плётка,
> Плётка в семь хвостов,
> Плётка в семь хвостов.
> Погрожу лишь плёткой —
> Мой народец кроткий
> Песни распевает,
> Денежки сбирает
> В мой большой карман,
> В мой большой карман...

Тогда Буратино завывающим голосом проговорил из глубины кувшина:

— Открой тайну, несчастный, открой тайну!..

Карабас Барабас от неожиданности громко щёлкнул челюстями и посмотрел на Дуремара.

— Это ты?

— Нет, это не я...

— Кто же сказал, чтобы я открыл тайну?

Дуремар был *суеверен*, кроме того, он тоже выпил много вина. Лицо у него посинело и сморщилось от страха.

Глядя на него, и Карабас Барабас застучал зубами.

— Открой тайну, — опять завыл таинственный голос из глубины кувшина, — иначе не сойдёшь с этого стула, несчастный!

Карабас Барабас попытался вскочить, но не мог даже и приподняться.

— Как-ка-какую та-та-тайну? — спросил он заикаясь.

Голос ответил:

— Тайну черепахи Тортилы.

От ужаса Дуремар медленно полез под стол. У Карабаса Барабаса отвалилась челюсть.

— Где находится дверь, где находится дверь? — будто ветер в трубе в осеннюю ночь, провыл голос...

— Отвечу, отвечу, замолчи, замолчи! — прошептал Карабас Барабас. — Дверь — у старого Карло в каморке, за нарисованным очагом...

Едва он произнёс эти слова, со двора вошёл хозяин.

— Вот надёжные ребята, за деньги они приведут к вам, синьор, хоть самого чёрта...

И он указал на стоящих на пороге лису Алису и кота Базилио. Лиса почтительно сняла старую шляпу:

— Синьор Карабас Барабас подарит нам на бедность десять золотых монет, и мы отдадим вам в руки негодяя Буратино, не сходя с этого места.

Карабас Барабас залез под бороду в карман, вынул десять золотых.

— Вот деньги, а где Буратино?

Лиса несколько раз пересчитала монеты, вздохнула, отдавая половину коту, и указала лапой:

— Он в этом кувшине, синьор, у вас под носом...

Карабас Барабас схватил со стола кувшин и бешено швырнул его на каменный пол. Из осколков и кучи обглоданных костей выскочил Буратино. Пока все стояли, открыв рты, он кинулся из харчевни на двор — прямо к петуху.

— Это ты меня предал, старый котлетный фарш! — свирепо сказал ему Буратино. — Ну, теперь беги...

И он плотно вцепился в его генеральский хвост. Петух, ничего не понимая, пустился бежать.

Буратино — за ним — под гору, через дорогу, по полю, к лесу.

Карабас Барабас, Дуремар и хозяин харчевни опомнились наконец от удивления и выбежали вслед за Буратино. Но сколько они ни оглядывались, его нигде не было видно, только вдалеке по полю бежал петух. Но так как всем было известно, что он дурак, то на этого петуха никто не обратил внимания.

Буратино первый раз в жизни приходит в отчаяние, но всё кончается благополучно

Глупый петух устал и бежал медленно, раскрыв клюв. Буратино отпустил наконец его помятый хвост.

— Иди, генерал, к своим курам...

И один пошёл туда, где сквозь листву ярко блестело озеро.

Вот и сосна, вот и пещера. Вокруг разбросаны наломанные ветки. Трава примята следами колёс.

У Буратино тревожно забилось сердце.

Пещера была пуста!!! Ни Мальвины, ни Пьеро, ни Артемона.

Только валялись две тряпочки. Он их поднял — это были оторванные рукава от рубашки Пьеро.

Друзья кем-то *похищены*! Они погибли! Буратино упал — нос его глубоко воткнулся в землю.

Он только теперь понял, как дороги ему друзья. Пусть Мальвина занимается воспитанием, пусть Пьеро хоть тысячу раз подряд читает стишки, — Буратино отдал бы даже золотой ключик, чтобы увидеть снова друзей.

Около его головы бесшумно вылез крот с розовыми ладонями, он чихнул три раза и сказал:

— Я слеп, но я отлично слышу. Сюда подъезжала *тележка*. В ней сидели Лис, губернатор Города Дураков, и сыщики. Губернатор приказал: «Взять негодяев, которые поколотили моих лучших полицейских при исполнении обязанностей! Взять!»

Сыщики ответили: «Тяф!» Бросились в пещеру, и там началась драка. Твоих друзей связали, кинули в тележку вместе с узлами и уехали.

Бесполезно было лежать, уткнув нос в землю! Буратино вскочил и побежал по следам колёс. Обогнул озеро, вышел на поле с густой травой.

Шёл, шёл... У него не было никакого плана в голове. Надо спасти товарищей — вот и всё.

Дошёл до обрыва, откуда упал позапрошлой ночью. Внизу увидел грязный пруд, где жила черепаха Тортила. По дороге к пруду спускалась тележка: её тащили две худые *овцы* с ободранной шерстью.

На козлах* сидел жирный кот в золотых очках с надутыми щеками — он служил при губернаторе тайным нашёптывателем в ухо. Позади него — важный Лис, губернатор... На узлах лежали Мальвина, Пьеро и весь забинтованный Артемон.

Позади тележки шли два сыщика — доберман-пинчеры.

Вдруг сыщики подняли собачьи морды и увидели наверху обрыва белый колпачок Буратино.

Сильными прыжками пинчеры начали подниматься. Но прежде чем они добрались до Буратино, он сложил руки над головой и кинулся вниз, в грязный пруд.

Он, конечно же, попал бы в пруд под защиту тётки Тортилы, если бы не сильный ветер.

Ветер подхватил лёгонького деревянного Буратино, закружил, завертел его, бросил в сторону, и он, падая, упал в тележку, на голову губернатора Лиса.

Жирный кот в золотых очках от неожиданности свалился с козел, и так как он был подлец и трус, то притворился, что упал в обморок*.

Губернатор Лис, тоже *отчаянный* трус, с визгом убежал и тут же залез в *барсучью нору*. Там ему пришлось несладко: барсуки сурово расправляются с такими гостями.

Овцы *шарахнулись*, тележка опрокинулась, Мальвина, Пьеро и Артемон вместе с узлами покатились в траву.

Всё это произошло так быстро, что вы, дорогие читатели, не успели бы сосчитать всех пальцев на руке.

Доберман-пинчеры огромными прыжками кинулись вниз с обрыва. Подскочив к опрокинутой тележке, увидели жирного кота в обмороке. Увидели в траве валяющихся деревянных человечков и забинтованного пуделя.

Но нигде не было видно губернатора Лиса.

Он исчез — будто сквозь землю провалился* тот, кого сыщики должны охранять.

Первый сыщик, подняв морду, издал собачий *вопль* отчаяния.

Второй сыщик сделал то же самое:

— Ай, ай, ай, — у-у-у!..

Униженно виляя задами, они побежали в Город Дураков, чтобы наврать в полицейском отделении, будто губернатор был взят на небо живым — так по дороге они придумали в своё оправдание.

Буратино потихоньку ощупал себя — ноги, руки были целы. Он пополз в траву и освободил от верёвок Мальвину и Пьеро.

Мальвина, не говоря ни слова, обхватила Буратино за шею, но поцеловать не смогла — помешал его длинный нос.

У Пьеро по локоть были оторваны рукава, белая пудра осыпалась со щёк, и оказалось, что щёки у него обыкновенные — румяные, несмотря на его любовь к стихам.

— Я здорово дрался, — грубым голосом сказал он.

Мальвина подтвердила:

— Он дрался, как лев.

Она обхватила Пьеро за шею и поцеловала в обе щеки.

— Довольно, довольно лизаться, — проворчал Буратино, — бежим. Артемона потащим за хвост.

Они ухватились все трое за хвост несчастной собаки и потащили её наверх.

— Пустите, я сам пойду, мне так унизительно, — стонал забинтованный пудель.

— Нет, нет, ты слишком слаб.

Но вдруг они увидели наверху Карабаса Барабаса и Дуремара. Лиса Алиса показывала лапой на беглецов, кот Базилио отвратительно шипел.

— Ха-ха-ха! — захохотал Карабас Барабас. — Сам золотой ключик идёт мне в руки!

Буратино быстро придумывал, что теперь делать. Пьеро прижал к себе Мальвину, собираясь дорого продать жизнь. На этот раз не было никакой надежды на спасение.

Дуремар хихикал наверху.

— Больную собачку-пуделя, синьор Карабас Барабас, вы мне отдайте, я её брошу в пруд пиявочкам, чтобы мои пиявочки разжирели...

Толстому Карабасу Барабасу лень было спускаться вниз, он звал беглецов пальцем, похожим на сардельку:

— Идите, идите ко мне, деточки...

— Ни с места! — приказал Буратино. — Погибать — так весело! Пьеро, говори какие-нибудь свои самые гадкие стишки. Мальвина, хохочи...

Мальвина, несмотря на некоторые недостатки, была хорошим товарищем. Она вытерла слёзы и засмеялась очень обидно для тех, кто стоял наверху.

Пьеро сейчас же сочинил стихи и завыл неприятным голосом:

Лису́ Али́су жа́лко —
Пла́чет по ней па́лка*.
Кот Бази́лио ни́щий —
Вор, *гну́сный* коти́ще.

Дурема́р, наш дурачо́к, —
Безобра́знейший *сморчо́к*.
Караба́с ты Бараба́с,
Не бои́мся о́чень вас...

А Бурати́но дразни́лся:

— Эй ты, дире́ктор ку́кольного теа́тра, ста́рый пивно́й бочо́нок, жи́рный мешо́к, наби́тый глу́постью, спусти́сь, спусти́сь к нам — я тебе́ наплюю́ в твою́ *дра́ную* бо́роду!

В отве́т Караба́с Бараба́с стра́шно зарыча́л, Дурема́р по́днял то́щие ру́ки к не́бу.

Лиса́ Али́са кри́во усмехну́лась:

— Разреши́те сверну́ть ше́и э́тим *наха́лам*?

Ещё мину́та, и всё бы́ло бы ко́нчено... Вдруг со сви́стом промча́лись стрижи́:

— Здесь, здесь, здесь!..

Над голово́й Караба́са Бараба́са пролете́ла соро́ка:

— Скоре́е, скоре́е, скоре́е!..

И наверху́ появи́лся ста́рый па́па Ка́рло. В руке́ у него́ была́ больша́я па́лка...

Он плечо́м толкну́л Караба́са Бараба́са, локтём — Дурема́ра, па́лкой уда́рил по спине́ лису́ Али́су, сапого́м *швырну́л* в сто́рону кота́ Бази́лио...

По́сле э́того, нагну́вшись и гля́дя вниз, где стоя́ли деревя́нные челове́чки, сказа́л ра́достно:

— Сын мой, Бурати́но, ты жив и здоро́в, — иди́ же скоре́е ко мне!

Бурати́но наконе́ц возвраща́ется домо́й вме́сте с па́пой Ка́рло, Мальви́ной, Пьеро́ и Артемо́ном

Неожи́данное появле́ние Ка́рло, его́ па́лка о́чень испуга́ли негодя́ев.

Лиса́ Али́са уползла́ в густу́ю траву́ и убежа́ла.

Кот Бази́лио, отлете́в шаго́в на де́сять, шипе́л от зло́сти.

Дурема́р подобра́л по́лы зелёного пальто́ и поле́з с косого́ра вниз, повторя́я:

— Я ни при чём, я ни при чём...

Но на круто́м ме́сте сорва́лся, покати́лся и с ужа́сным шу́мом упа́л в пруд.

Караба́с Бараба́с оста́лся стоя́ть, где стоя́л. Он то́лько втяну́л всю го́лову в пле́чи; борода́ его́ висе́ла, как *па́кля*.

Бурати́но, Пьеро́ и Мальви́на взобрали́сь наве́рх. Па́па Ка́рло брал ка́ждого из них на́ руки.

И клал *за пазуху*.

Потом он спустился и присел над несчастной собакой. Верный Артемон поднял морду и лизнул Карло в нос. Буратино тотчас сказал:

— Папа Карло, мы без собаки домой не пойдём.

— Э-хе-хе, — ответил Карло, — тяжело будет, ну да уж как-нибудь донесу вашего пёсика.

Он положил Артемона на плечо и с этим тяжёлым грузом полез наверх, где, всё так же втянув голову, стоял Карабас Барабас.

— Куклы мои... — проворчал он.

Папа Карло ответил ему *сурово*:

— Эх, ты! С кем связался, — с известными всему свету *жуликами* — с Дуремаром, с котом, с лисой. Маленьких обижаете! Стыдно, доктор!

И Карло пошёл по дороге в город.

Карабас Барабас со втянутой головой шёл за ним следом.

— Куклы мои, отдай!..

— Ни за что не отдавай! — закричал Буратино, высовываясь из-за пазухи.

Так шли, шли. Мимо харчевни «Трёх пескарей», где в дверях кланялся хозяин, показывая обеими руками на шипящие сковородки.

Около дверей взад и вперёд, взад и вперёд расхаживал петух с выдранным хвостом и возмущённо рассказывал курам о хулиганском поступке Буратино. Куры сочувственно поддакивали:

— Ах-ах, какой страх! Ух-ух, наш петух!..

Карло поднялся на холм, откуда было видно море, у берега — старый городок под знойным солнцем и полотняная крыша кукольного театра.

Карабас Барабас, стоя в трёх шагах позади Карло, проворчал:

— Я тебе дам за куклы сто золотых монет, продай.

Буратино, Мальвина и Пьеро перестали дышать — ждали, что скажет Карло.

Он ответил:

— Нет! Если бы ты был добрым, хорошим директором театра, я бы тебе, так и быть, отдал маленьких человечков. А ты — хуже всякого крокодила. Не отдам и не продам, убирайся.

Карло спустился с холма и, уже более не обращая внимания на Карабаса Барабаса, вошёл в городок.

Там на пустой площади неподвижно стоял полицейский.

От жары́ и ску́ки у него́ пови́сли усы́, над треуго́льной шля́пой кружи́лись му́хи.

Караба́с Бараба́с вдруг засу́нул бо́роду в карма́н, схвати́л Ка́рло сза́ди за руба́шку и закрича́л на всю пло́щадь:

— Держи́те во́ра, он укра́л у меня́ ку́кол!..

Но полице́йский, кото́рому бы́ло жа́рко и ску́чно, да́же и не пошевели́лся. Караба́с Бараба́с подскочи́л к нему́, тре́буя *арестова́ть* Ка́рло.

— А ты кто тако́й? — лени́во спроси́л полице́йский.

— Я до́ктор ку́кольных нау́к, дире́ктор знамени́того теа́тра, ближа́йший друг Тараба́рского короля́, синьо́р Караба́с Бараба́с...

— А ты не кричи́ на меня́, — отве́тил полице́йский.

Пока́ Караба́с Бараба́с с ним спо́рил, па́па Ка́рло, торопли́во стуча́ па́лкой по пли́там мостово́й, подошёл к до́му, где он жил. Отпер дверь в полутёмную камо́рку под ле́стницей, снял с плеча́ Артемо́на, положи́л на крова́ть, из-за па́зухи вы́нул Бурати́но, Мальви́ну и Пьеро́ и посади́л их ря́дом на стул.

Мальви́на сейча́с же сказа́ла:

— Па́па Ка́рло, пре́жде всего́ займи́тесь больно́й соба́кой. Ма́льчики, неме́дленно мы́ться...

Вдруг она в отчаянии всплеснула руками:

— А мои платья! Мои новенькие туфельки, мои хорошенькие ленточки остались на дне оврага!..

— Ничего, не огорчайся, — сказал Карло, — вечером я схожу, принесу твои вещи.

Он заботливо разбинтовал Артемону лапы. Оказалось, что раны почти уже зажили и собака не могла пошевелиться только потому, что была голодна.

— Тарелочку овсяной кашки да косточку с мозгом, — простонал Артемон, — и я готов драться со всеми собаками в городе.

— Ай-ай-ай, — говорил Карло, — а у меня дома ни крошки, и в кармане ни сольдо...

Мальвина жалобно всхлипнула. Пьеро тёр кулаком лоб, соображая.

— Я пойду на улицу читать стихи, прохожие надают мне кучу сольдо.

Карло покачал головой:

— И будешь ты ночевать, сынок, в полицейском отделении.

Все, кроме Буратино, загрустили. Он же хитро улыбался. Он соскочил на пол и что-то вытащил из кармана.

— Папа Карло, возьми молоток, оторви от стены дырявый холст.

И он своим носом указал на очаг, и на котелок над очагом, и на дым, нарисованные на куске старого холста.

Карло удивился:

— Зачем, сынок, ты хочешь оторвать от стены такую прекрасную картину? В зимнее время я смотрю на неё и воображаю, что это настоящий огонь и в котелке настоящая баранья похлёбка с чесноком, и мне становится немного теплее.

— Папа Карло, даю честное кукольное слово, — у тебя будет настоящий огонь в очаге, настоящий чугунный котелок и горячая похлёбка. Оторви холст.

Буратино сказал это так уверенно, что папа Карло почесал в затылке, покачал головой, покряхтел, покряхтел — взял *клещи* и молоток и начал отрывать холст. За ним, как мы уже знаем, всё было затянуто паутиной и висели мёртвые пауки.

Карло старательно снял паутину. Тогда стала видна небольшая дверца из потемневшего дуба. На четырёх углах на ней были вырезаны смеющиеся рожицы, а посредине — пляшущий человечек с длинным носом.

Когда с него смахнули пыль, Мальвина, Пьеро, папа Карло, даже голодный Артемон воскликнули в один голос:

— Это портрет самого Буратино!

— Я так и думал, — сказал Буратино, хотя он ничего такого не думал и сам удивился. — А вот и ключ от дверцы. Папа Карло, открой...

— Эта дверца и этот золотой ключик, — проговорил Карло, — сделаны очень давно каким-то искусным мастером. Посмотрим, что спрятано за дверцей.

Он вложил ключик в замочную скважину и повернул...

Раздалась негромкая, очень приятная музыка...

Папа Карло толкнул дверцу. Со скрипом она начала открываться.

В это время раздались торопливые шаги за окном и голос Карабаса Барабаса проревел:

— Именем Тарабарского короля — арестуйте старого *плута* Карло!

Карабас Барабас врывается в каморку под лестницей

Карабас Барабас, как мы знаем, напрасно старался уговорить сонного полицейского, чтобы он арестовал Карло. Ничего не добившись, Карабас Барабас побежал по улице.

Борода его цеплялась за пуговицы и зонтики прохожих. Он толкался и скрипел зубами.

Вслед ему свистели мальчишки, бросали в спину гнилые яблоки.

Карабас Барабас вбежал к начальнику города. В этот жаркий час начальник сидел в саду, около фонтана, в одних трусиках и пил лимонад.

У начальника было шесть подбородков, нос его утонул в розовых щеках. За спиной его, под *липой*, четверо мрачных полицейских всё время открывали бутылки с лимонадом.

Карабас Барабас бросился перед начальником на колени и, бородой размазывая слёзы по лицу, закричал:

— Я несчастный *сирота*, меня обидели, обокрали, избили...

— Кто тебя, сироту, обидел? — спросил начальник.

— Злейший враг, старый шарманщик Карло. Он украл у меня три самые лучшие куклы, он хочет *сжечь* мой знаменитый театр, он подожжёт и ограбит весь город, если его сейчас же не арестовать.

В подкрепление своих слов Карабас Барабас вытащил горсть золотых монет и положил в туфлю начальника.

Короче говоря, он такое наврал, что испуганный начальник приказал четырём полицейским под липой:

— Идите за почтенным сиротой и именем закона* делайте всё, что необходимо.

Карабас Барабас побежал с четырьмя полицейскими к каморке Карло и крикнул:

— Именем Тарабарского короля — арестуйте вора и негодяя!

Но двери были закрыты. В каморке никто не отозвался.

Карабас Барабас приказал:

— Именем Тарабарского короля — ломайте дверь!

Полицейские нажали на дверь, и четыре полицейских с *грохотом* свалились в каморку под лестницей.

Это было в ту самую минуту, когда в потайную дверцу в стене, нагнувшись, уходил Карло.

Он скрылся последним. Дверца захлопнулась.

Тихая музыка перестала играть. В каморке под лестницей валялись только грязные бинты и рваный холст с нарисованным очагом...

Карабас Барабас подскочил к потайной дверце, заколотил в неё кулаками и каблуками: тра-та-та-та!

Но дверца была прочная.

Карабас Барабас разбежался и ударил в дверцу задом.

Дверца не подалась.

Он затопал на полицейских:

— Ломайте проклятую дверь именем Тарабарского короля!..

— Нет, здесь работа очень тяжёлая, — ответили они и пошли к начальнику города сказать, что ими всё сделано по закону, но старому шарманщику, видимо, помогает сам дьявол, потому что он ушёл сквозь стену.

Карабас Барабас рванул себя за бороду, повалился на пол и начал реветь, выть и кататься, как *бешеный*, по пустой каморке под лестницей.

Что они нашли за потайной дверью

Пока Карабас Барабас катался, как бешеный, и рвал на себе бороду, Буратино впереди, а за ним Мальвина, Пьеро, Артемон и — последним — папа Карло спускались по крутой каменной лестнице в подземелье.

Папа Карло держал свечу. Её слабый огонёк не мог осветить темноты, куда спускалась лестница.

Мальвина, чтобы не заплакать от страха, щипала себя за уши.

Пьеро — как всегда, читал стишки:

Пля́шут те́ни на стене́ —
Ничего́ не стра́шно мне.
Ле́стница пуска́й крута́,
Пусть опа́сна темнота́, —
Всё равно́ подзе́мный путь
Приведёт куда́-нибудь...

Бурати́но опереди́л това́рищей — его́ бе́лый колпачо́к едва́ был ви́ден глубоко́ внизу́.

Вдруг там что́-то зашипе́ло, упа́ло, покати́лось, и донёсся его́ жа́лобный го́лос:

— Ко мне, на по́мощь!

Артемо́н, забы́в ра́ны и го́лод, опроки́нул Мальви́ну и Пьеро́, чёрным ви́хрем ки́нулся вниз по ступе́нькам.

Скри́пнули его́ зу́бы. Проти́вно взви́згнуло како́е-то существо́.

Всё зати́хло. То́лько се́рдце у Мальви́ны стуча́ло гро́мко, как буди́льник.

Широ́кий луч све́та сни́зу уда́рил по ле́стнице. Огонёк свечи́, кото́рую держа́л па́па Ка́рло, стал жёлтым.

— Гляди́те, гляди́те скоре́е! — гро́мко позва́л Бурати́но.

Мальви́на торопли́во начала́ слеза́ть со ступе́ньки на ступе́ньку, за ней запры́гал Пьеро́. После́дним, нагну́вшись, сходи́л Ка́рло.

Внизу́, там, где конча́лась крута́я ле́стница, на ка́менной площа́дке сиде́л Артемо́н. Он обли́зывался. У его́ ног валя́лась заду́шенная кры́са Шу́шара.

Бурати́но обе́ими рука́ми приподнима́л ста́рый *во́йлок* — им бы́ло занаве́шено отве́рстие в ка́менной стене́. Отту́да ли́лся голубо́й свет.

Пе́рвое, что они́ уви́дели, когда́ проле́зли в отве́рстие, — э́то лучи́ со́лнца. Они́ па́дали с потолка́ сквозь кру́глое окно́.

Широ́кие лучи́ освеща́ли кру́глую ко́мнату из желтова́того *мра́мора*. Посреди́ неё стоя́л чу́дной красоты́ ку́кольный теа́тр. На за́навесе его́ блесте́л золото́й *зигза́г мо́лнии*.

С боко́в за́навеса поднима́лись две квадра́тные *ба́шни*, раскра́шенные так, бу́дто они́ бы́ли сло́жены из ма́леньких кирпи́чиков. Высо́кие кры́ши из зелёной же́сти я́рко блесте́ли.

На ле́вой ба́шне бы́ли часы́ с бро́нзовыми стре́лками. На цифербла́те про́тив ка́ждой ци́фры нарисо́ваны смею́щиеся ро́жицы ма́льчика и де́вочки.

На пра́вой ба́шне — кру́глое око́шко из разноцве́тных стёкол.

Над э́тим око́шком, на кры́ше из зелёной же́сти, сиде́л Говоря́щий Сверчо́к. Когда́ все откры́в рты останови́лись пе́ред чу́дным теа́тром, сверчо́к проговори́л ме́дленно и я́сно:

— Я предупрежда́л, что тебя́ ждут ужа́сные опа́сности и стра́шные приключе́ния, Бурати́но. Хорошо́, что всё ко́нчилось благополу́чно, а могло́ ко́нчиться и неблагополу́чно... Та́к-то...

Го́лос у сверчка́ был ста́рый и слегка́ оби́женный, потому́ что Говоря́щему Сверчку́ в своё вре́мя всё же попа́ло по голове́ молотко́м и, несмотря́ на столе́тний во́зраст и приро́дную доброту́, он не мог забы́ть незаслу́женной оби́ды.

Тогда́ па́па Ка́рло проговори́л:

— А я-то ду́мал — мы тут найдём ку́чу зо́лота и серебра́, — а нашли́ всего́-на́всего ста́рую игру́шку.

Он подошёл к часа́м, вде́ланным в ба́шенку, постуча́л но́гтем по цифербла́ту, и так как сбо́ку часо́в на ме́дном гво́здике висе́л клю́чик, он взял его́ и завёл часы́...

Разда́лось гро́мкое ти́канье. Стре́лки дви́нулись. Больша́я стре́лка подошла́ к двена́дцати, ма́ленькая — к шести́. Внутри́ ба́шни загуде́ло и зашипе́ло. Часы́ зво́нко проби́ли шесть...

То́тчас на пра́вой ба́шне раскры́лось око́шко из разноцве́тных стёкол, вы́скочила заводна́я пёстрая пти́ца и, *затрепета́в* кры́льями, пропе́ла шесть раз:

— К нам — к нам, к нам — к нам, к нам — к нам...

Пти́ца скры́лась, око́шко захло́пнулось, заигра́ла шарма́ночная му́зыка. И за́навес подня́лся...

Никто́, да́же па́па Ка́рло, никогда́ не ви́дел тако́й краси́вой *декора́ции*.

На сце́не был сад. На ма́леньких дере́вьях с золоты́ми и сере́бряными ли́стьями пе́ли заводны́е ма́ленькие *скворцы́*. На одно́м де́реве висе́ли я́блоки, ка́ждое из них не бо́льше гречи́шного зерна́. Под дере́вьями проха́живались *павли́ны* и, приподнима́ясь на цы́почках, клева́ли я́блоки, а в во́здухе лета́ли ба́бочки.

Так прошла́ мину́та. Скворцы́ замо́лкли, павли́ны попя́тились за боковы́е *кули́сы*. Дере́вья провали́лись в потайны́е лю́ки под пол сце́ны.

На за́дней декора́ции на́чали расходи́ться *тю́левые* облака́.

Показа́лось кра́сное со́лнце над песча́ной пусты́ней. Спра́ва и сле́ва, из-за боковы́х кули́с, показа́лись ве́тки *лиа́н*, похо́жие на змей, на одно́й действи́тельно висе́ла змея-

удáв. На другóй раскáчивалось, схвати́вшись хвостáми, семéйство обезья́н.

Это былá Áфрика.

По песку́ пусты́ни под крáсным сóлнцем проходи́ли звéри.

В три скачкá промчáлся лев — хотя́ был он не бóльше котёнка, но стрáшен.

Перевáливаясь, прошёл на зáдних лáпах *плю́шевый* медвéдь с зóнтиком.

Прополз отврати́тельный крокоди́л — его́ мáленькие злы́е глáзки притворя́лись дóбренькими. Но всё же Артемóн не повéрил и зарычáл на негó.

Проскакáл *носорóг* — для безопáсности на его́ óстрый рог был надéт рези́новый мя́чик.

Пробежáл *жирáф*, похóжий на полосáтого, рогáтого верблю́да, изó всей си́лы вы́тянувшего шéю.

Потóм шёл слон, друг детéй, — у́мный, доброду́шный, — помáхивая хóботом, в котóром держáл конфéту.

Послéдней пробежáла óчень гря́зная ди́кая собáка — шакáл. Артемóн с лáем ки́нулся на неё — пáпе Кáрло с трудóм удалóсь оттащи́ть его́ за хвост от сцéны.

Звéри прошли́. Сóлнце вдруг погáсло. В темнотé каки́е-то вéщи опусти́лись свéрху, каки́е-то вéщи вы́двинулись с бокóв.

Вспы́хнули у́личные фона́рики. На сце́не была́ городска́я пло́щадь. Две́ри в дома́х раскры́лись, вы́бежали ма́ленькие челове́чки, поле́зли в игру́шечный трамва́й. Трамва́й укати́лся в боковую у́лицу ме́жду высо́кими дома́ми.

Прое́хал велосипеди́ст на колёсах не бо́льше блю́дечка для варе́нья.

Мороженщик прокати́л че́рез площа́дку теле́жку с моро́женым. На балко́нчики домо́в вы́бежали де́вочки и замаха́ли ему́, а мороженщик развёл рука́ми и сказа́л:

— Всё съе́ли, приходи́те в друго́й раз.

Тут за́навес упа́л, и на нём заблесте́л золото́й зигза́г мо́лнии.

Па́па Ка́рло, Мальви́на, Пьеро́ не могли́ опо́мниться от *восхище́ния*. Бурати́но, засу́нув ру́ки в карма́ны, задра́в нос, сказа́л хвастли́во:

— Что — ви́дели? Зна́чит, неда́ром я мо́кнул в боло́те у тётки Торти́лы... В э́том теа́тре мы поста́вим коме́дию — зна́ете каку́ю? — «Золото́й клю́чик, и́ли Необыкнове́нные приключе́ния Бурати́но и его́ друзе́й». Караба́с Бараба́с ло́пнет с доса́ды.

Пьеро́ потёр кулака́ми лоб:

— Я напишу́ э́ту коме́дию прекра́сными стиха́ми.

— Я бу́ду продава́ть моро́женое и биле́ты, — сказа́ла Мальви́на. — Если вы найдёте у меня́ тала́нт, попро́бую игра́ть ро́ли хоро́шеньких де́вочек...

— Посто́йте, ребя́та, а учи́ться когда́ же? — спроси́л па́па Ка́рло.

Все сра́зу отве́тили:

— Учи́ться бу́дем у́тром... А ве́чером игра́ть в теа́тре...

— Ну, хорошо́, де́точки, — сказа́л па́па Ка́рло, — а уж я, де́точки, бу́ду игра́ть на шарма́нке для увеселе́ния почте́нной пу́блики, а е́сли ста́нем разъезжа́ть из го́рода в го́род, бу́ду пра́вить ло́шадью да вари́ть бара́нью похлёбку с чесноко́м...

Артемо́н слу́шал, задра́в у́хо, верте́л голово́й, гляде́л блестя́щими глаза́ми на друзе́й, спра́шивал: а ему́ что де́лать?

Бурати́но сказа́л:

— Артемо́н бу́дет заве́довать театра́льными костю́мами, ему́ дади́м ключи́ от кладово́й. Во вре́мя представле́ния он мо́жет изобража́ть за кули́сами рыча́ние льва, скрип крокоди́ловых зубо́в, вой ве́тра — и други́е необходи́мые зву́ки.

— Ну а ты, ну а ты, Бурати́но? — спра́шивали все. — Кем хо́чешь быть при теа́тре?

— Чудаки́, в коме́дии я бу́ду игра́ть самого́ себя́ и просла́влюсь на весь свет!

Но́вый ку́кольный теа́тр даёт пе́рвое представле́ние

Караба́с Бараба́с сиде́л пе́ред очаго́м в отврати́тельном настрое́нии. Сыры́е дрова́ почти́ не горе́ли. На у́лице лил дождь. Дыря́вая кры́ша ку́кольного теа́тра протека́ла. У ку́кол отсыре́ли ру́ки и но́ги, на репети́циях никто́ не хоте́л рабо́тать, да́же под угро́зой плётки. Ку́клы уже́ тре́тий день ничего́ не е́ли и перешёптывались в кладово́й, вися́ на гвоздя́х.

С утра́ не́ было про́дано ни одного́ биле́та в теа́тр. Да и кто пошёл бы смотре́ть у Караба́са Бараба́са ску́чные пье́сы и голо́дных, обо́рванных актёров!

На городско́й ба́шне часы́ про́били шесть. Караба́с Бараба́с мра́чно побрёл в зри́тельный зал — пу́сто.

И он вы́шел на у́лицу. Вы́йдя, взгляну́л, моргну́л и откры́л рот так, что туда́ без труда́ могла́ бы влете́ть воро́на.

Напро́тив его́ теа́тра пе́ред большо́й но́вой полотня́ной пала́ткой стоя́ла толпа́, не обраща́я внима́ния на сыро́й ве́тер с мо́ря.

Над вхо́дом в пала́тку стоя́л длинноно́сый челове́чек в колпачке́ и что-то крича́л.

Пу́блика смея́лась, хло́пала в ладо́ши, и мно́гие заходи́ли внутрь пала́тки.

К Караба́су Бараба́су подошёл Дурема́р.

— Э-хе-хе, — сказа́л он, — пло́хи дела́ с лече́бными пия́вками. Вот хочу́ пойти́ к ним, — Дурема́р указа́л на но́вую пала́тку, — хочу́ попроси́ться у них све́чи зажига́ть и́ли подмета́ть пол.

— Чей э́тот прокля́тый теа́тр? Отку́да он взя́лся? — прорыча́л Караба́с Бараба́с.

— Э́то са́ми ку́клы откры́ли ку́кольный теа́тр «Мо́лния», они́ са́ми пи́шут пье́сы в стиха́х, са́ми игра́ют.

Караба́с Бараба́с заскрипе́л зуба́ми, рвану́л себя́ за бо́роду и зашага́л к но́вой полотня́ной пала́тке.

Над вхо́дом в неё Бурати́но выкри́кивал:

— Пе́рвое представле́ние занима́тельной, увлека́тельной коме́дии из жи́зни деревя́нных челове́чков! И́стинное повествова́ние о том, как мы победи́ли всех свои́х враго́в при по́мощи остроу́мия, сме́лости и прису́тствия ду́ха...

У вхо́да в ку́кольный теа́тр в стекля́нной бу́дочке сиде́ла Мальви́на с краси́вым ба́нтом в голубы́х волоса́х и не успева́ла раздава́ть биле́ты жела́ющим посмотре́ть весёлую коме́дию из ку́кольной жи́зни.

128

Па́па Ка́рло в но́вой ба́рхатной ку́ртке верте́л шарма́нку и ве́село подми́гивал почте́ннейшей пу́блике.

Артемо́н тащи́л за хвост из пала́тки лису́ Али́су, кото́рая прошла́ без биле́та.

Кот Бази́лио, то́же безбиле́тный, успе́л убежа́ть и сиде́л под дождём на де́реве, гля́дя вниз злы́ми глаза́ми.

Бурати́но, наду́в щёки, затруби́л в трубу́.

— Представле́ние начина́ется!

И сбежа́л по ле́сенке, что́бы игра́ть пе́рвую сце́ну коме́дии, в кото́рой изобража́лось, как бе́дный па́па Ка́рло выстру́гивает из поле́на деревя́нного челове́чка, не зна́я, что э́то принесёт ему́ сча́стье.

После́дней приползла́ в теа́тр черепа́ха Тортила́, держа́ во рту почётный биле́т на краси́вой бума́ге с золоты́ми уголка́ми.

Представле́ние начало́сь. Караба́с Караба́с мра́чно верну́лся в свой пусто́й теа́тр. Взял плётку. Отпер дверь в кладову́ю.

— Я вас отучу́ лени́ться! — зарыча́л он. — Я вас научу́ зама́нивать ко мне пу́блику!

Он щёлкнул плёткой. Но никто́ не отве́тил. Кладова́я была́ пуста́. То́лько на гвоздя́х висе́ли обры́вки верёвочек.

Все ку́клы — и Арлеки́н, и де́вочки в чёрных ма́сках, и *колдуны́* в остроконе́чных ша́пках со звёздами, и собачки, — все, все, все куклы убежали от Карабаса Барабаса.

Со страшным воем он выскочил из театра на улицу. Он увидел, как последние из его актёров убегали через лужи в новый театр, где весело играла музыка, смеялись, *хлопали* в ладоши.

Карабас Барабас успел только схватить *тряпочную* собачку с пуговицами вместо глаз. Но на него откуда-то налетел Артемон, выхватил собачку и умчался с ней в палатку, где за кулисами для голодных актёров была приготовлена горячая баранья похлёбка с чесноком.

Карабас Барабас так и остался сидеть в луже под дождём.

Комментарий

Толстой Алексей Николаевич

Саратовская область — входит в состав Приволжского федерального округа. Административный центр — город Саратов.

Граф — в России до 1917 года: дворянский титул, лицо, носящее этот титул.

Самара — город на реке Волге.

Первая мировая война (1914–1918) — война, в которой участвовало 34 государства.

Великая Отечественная война (1941–1945) — освободительная война народов СССР против нацистской Германии и её союзников.

Пётр I (1672–1725) — последний русский царь (с 1682 года) и первый российский император (с 1721 года).

Иван Грозный, Иван IV Грозный (1530–1584) — первый русский царь с 1547 года.

Коллоди Карло (1826–1890) — итальянский писатель.

Золотой ключик, или Приключения Буратино

Очаг — устройство для разведения и поддержания огня.

Мастерская — помещение для изготовления или ремонта каких-либо изделий.

Верста́к — рабо́чий стол для столя́рной и́ли друго́й ручно́й рабо́ты.

Шарма́нщик — челове́к, игра́ющий на **шарма́нке** — стари́нном музыка́льном инструме́нте, вне́шне похо́жем на я́щик (надева́ется на плечо́ и де́ржится на ремне́). Этот инструме́нт исполня́ет всего́ не́сколько просты́х мело́дий.

Камо́рка — ма́ленькая, те́сная ко́мната.

Дружи́ще — дру́жеское обраще́ние к кому́-либо.

Котело́к — небольшо́й сосу́д кру́глой фо́рмы для кипяче́ния воды́ и ва́рки еды́.

Треуго́льная шля́па — головно́й убо́р с поля́ми, за́гнутыми так, что они́ образу́ют три угла́.

Сверчо́к — насеко́мое с прямы́ми кры́лышками, издаю́щее потре́скивающие зву́ки, обы́чно живёт в помеще́нии о́коло челове́ка.

Мали́новое варе́нье — варе́нье из арома́тных сла́дких я́год мали́ны.

Ла́вка — ма́ленький магази́н.

Балага́н — вре́менная постро́йка для театра́льных и цирковы́х представле́ний.

Со́льдо — ме́дная моне́та в Ита́лии.

По́лька — популя́рный бы́стрый та́нец, музыка́льное произведе́ние в ри́тме тако́го та́нца.

Плётка, плеть — плетёные хвосты из кожаных ремешков или верёвок на рукоятке; орудие для наказания.

Синьор *здесь:* единоличный, жестокий правитель.

Харчевня — дешёвый ресторан.

Ставни — деревянные или металлические створки для прикрытия окон.

Пудель — порода собак.

Богомол — крупное хищное насекомое.

Касторка, касторовое масло — употребляется как слабительное средство.

Жужелица — хищный ночной жук.

Перо и чернильница. Чернильница — небольшой сосуд для чернил; **перо** — в старину (до изобретения стальных перьев): стержень, взятый из крыла крупной птицы, заострённый в конце для письма.

Летучая мышь — единственное млекопитающее, которое умеет летать; ведёт ночной образ жизни, а днём спит, повиснув вниз головой.

Нет худа без добра *пословица:* говорится, когда что-то хорошее явилось следствием неприятности.

Губернатор — глава большой административно-территориальной единицы.

Бульдо́г — поро́да соба́к.

Доберма́н-пи́нчер — поро́да соба́к.

Водяна́я ли́лия — во́дное расте́ние; краси́вый декорати́вный цвето́к, пла́вает на пове́рхности воды́.

Куда́ глаза́ глядя́т *фразеологи́зм* — не выбира́я пути́, без определённого направле́ния.

Мимо́за — назва́ние вечнозелёной ака́ции, име́ющей жёлтые пуши́стые цветки́.

Полдю́жины — дю́жина — счётная едини́ца, ра́вная двена́дцати одина́ковым предме́там. Соотве́тственно полдю́жины — э́то шесть предме́тов.

Замо́чная сква́жина — отве́рстие в замке́, две́ри, куда́ вставля́ют ключ.

Вы́жить из ума́ *фразеологи́зм* — поглупе́ть, потеря́ть спосо́бность мы́слить, рассужда́ть.

У́зел *здесь:* свя́занный конца́ми плато́к или кусо́к тка́ни, в кото́рый уло́жены ве́щи.

Пеще́ра — углубле́ние, кото́рое образова́лось в земле́ есте́ственным путём.

Удо́д — небольша́я яркоокра́шенная пти́ца с дли́нным у́зким клю́вом и хохолко́м, кото́рый иногда́ распуска́ется в ви́де ве́ера.

Зерка́льный карп — кру́пная ры́ба, отлича́ется от обыкнове́нного ка́рпа тем, что у неё на те́ле име́ются ре́дкие больши́е блестя́щие чешу́йки (зе́ркальца).

Ко́злы — сиде́нье для ку́чера в экипа́же и́ли пово́зке.

Упа́сть в о́бморок *фразеологи́зм* — упа́сть без созна́ния, лиши́ться чувств.

Сквозь зе́млю провали́ться *фразеологи́зм* — неожи́данно исче́знуть, потеря́ться.

Пла́чет... па́лка *фразеологи́зм* — кто́-либо заслу́живает того́, что́бы его́ поби́ли.

И́менем зако́на *здесь:* по пра́ву представи́телей вла́сти.

Задания

Проверьте, как вы поняли текст

Ответьте на вопросы.

1. Где происходили события сказки?
2. Чем занимались Джузеппе и Карло?
3. Как Буратино появился на свет?
4. Как Буратино оказался в кукольном театре?
5. Зачем Карабас Барабас дал Буратино золотые монеты?
6. Что кот Базилио и лиса Алиса предложили Буратино сделать с золотыми монетами?
7. Как Буратино попал в дом к Мальвине и почему он от неё сбежал?
8. Почему золотые монеты оказались у кота Базилио и лисы Алисы?
9. Как встретились Буратино и черепаха Тортила?
10. Почему черепаха Тортила подарила золотой ключик Буратино?
11. Кого Буратино встретил по пути из Страны Дураков?
12. Какую тайну рассказал Пьеро Буратино?
13. Почему Карабас Барабас и Дуремар бежали за куклами?
14. Где спрятались Буратино с друзьями?
15. Зачем Буратино пошёл за Карабасом Барабасом и Дуремаром?
16. Кто спас Буратино и его друзей?
17. Что находилось за нарисованным очагом в каморке папы Карло?

Отметьте предложения, где написана правда → П, а где написана неправда → Н.

1. ☐ Карабас Барабас подарил Буратино папе Карло.
2. ☐ Лиса Алиса и кот Базилио хотели обмануть Буратино и забрать себе его золотые монеты.
3. ☐ Пьеро был влюблён в Мальвину и писал ей стихи.
4. ☐ Папа Карло знал, что находится за нарисованным очагом в его каморке.
5. ☐ Буратино принёс папе Карло счастье.
6. ☐ Карабас Барабас нашёл золотой ключик и открыл дверь за нарисованным очагом.

Найдите в тексте.

1. Описание кукольного театра Карабаса Барабаса.
2. Содержание пьесы «Девочка с голубыми волосами, или Тридцать три подзатыльника».
3. Описание внешности Карабаса Барабаса.
4. Описание театра «Молния».

Выполните тест.

Выберите правильный вариант ответа к каждому из заданий и отметьте его в рабочей матрице. Проверьте себя по контрольной матрице. (Ответы смотрите в конце книги.)

Образец:

1	А	Б	В

1. Джузеппе решил сделать из полена ... .
   (А) куклу
   (Б) ножку стола
   (В) шарманку

2. Карло и Джузеппе были … .
   (А) молодыми людьми
   (Б) пожилыми людьми
   (В) людьми среднего возраста
3. Карло назвал куклу Буратино, потому что … .
   (А) это была фамилия Карло
   (Б) это была фамилия Джузеппе
   (В) он знал одно счастливое семейство, и всех их звали Буратино
4. Папа Карло дал Буратино азбуку, которую … .
   (А) купил, продав свою куртку
   (Б) сам сделал из цветной бумаги
   (В) нашёл на улице
5. Буратино пошёл в школу, потому что … .
   (А) сверчок советовал ему учиться
   (Б) папа Карло попросил его об этом
   (В) он сам очень хотел учиться
6. Билет в кукольный театр Буратино … .
   (А) не покупал
   (Б) попросил у незнакомого мальчика
   (В) купил, продав свою азбуку
7. Директор кукольного театра Карабас Барабас был человеком … .
   (А) милым
   (Б) несчастным
   (В) страшным
8. Когда Карабас Барабас чихал, он становился … .
   (А) злее
   (Б) добрее
   (В) глупее
9. Карабас Барабас дал деньги Буратино, чтобы … .
   (А) он купил папе Карло новую куртку

(Б) папа Карло не уезжал из каморки с нарисованным очагом
(В) он пошёл в Страну Дураков
10. Лиса Алиса позвала Буратино в Страну Дураков, чтобы … .
(А) украсть его деньги
(Б) сделать Буратино богаче
(В) познакомить его с котом Базилио
11. Мальвина ушла от Карабаса Барабаса, потому что … .
(А) влюбилась в Пьеро
(Б) хотела жить в своём домике
(В) не могла терпеть жестокость директора кукольного театра
12. По дороге из харчевни «Трёх пескарей» на Буратино напали … .
(А) переодетые в разбойников кот Базилио и лиса Алиса
(Б) два доберман-пинчера из Страны Дураков
(В) Карабас Барабас и Дуремар
13. Дуремар был … .
(А) шарманщиком
(Б) директором кукольного театра
(В) продавцом лечебных пиявок
14. Буратино зарыл в землю … .
(А) три золотые монеты
(Б) четыре золотые монеты
(В) пять золотых монет
15. В полицейском отделении Буратино наказали за три преступления и решили его … .
(А) повесить на дереве
(Б) утопить в пруду
(В) сжечь на костре

16. Черепаха Тортила злилась на людей, потому что один человек, которому она помогла, потом … .
    (А) хотел её съесть
    (Б) украл её великую тайну
    (В) убил её родных
17. Ключик, который нашла черепаха Тортила, уронил на дно пруда … .
    (А) Карабас Барабас
    (Б) Дуремар
    (В) Буратино
18. Карабас Барабас хотел поймать Пьеро, потому что он … .
    (А) знал, где живёт папа Карло
    (Б) узнал тайну золотого ключика
    (В) убежал из театра
19. Сидя в кувшине в харчевне «Трёх пескарей», Буратино узнал, … .
    (А) где находится дверь, которую надо открыть золотым ключиком
    (Б) кто такие кот Базилио и лиса Алиса
    (В) почему за ним бежали полицейские собаки
20. Папа Карло сравнил Карабаса Барабаса с … .
    (А) овцой
    (Б) быком
    (В) крокодилом
21. Карабас Барабас предложил папе Карло сто золотых монет, … .
    (А) и папа Карло продал ему кукол
    (Б) но папа Карло не продал кукол
    (В) и папа Карло обещал продать ему кукол
22. За дверью за нарисованным очагом в коморке папы Карло был … .
    (А) ресторан
    (Б) кукольный театр
    (В) цирк

Рабочая матрица

1	А	Б	В
2	А	Б	В
3	А	Б	В
4	А	Б	В
5	А	Б	В
6	А	Б	В
7	А	Б	В
8	А	Б	В
9	А	Б	В
10	А	Б	В
11	А	Б	В

12	А	Б	В
13	А	Б	В
14	А	Б	В
15	А	Б	В
16	А	Б	В
17	А	Б	В
18	А	Б	В
19	А	Б	В
20	А	Б	В
21	А	Б	В
22	А	Б	В

Лексико-грамматические задания

1. Выберите правильный вариант употребления падежной формы, неправильный вариант зачеркните.

Образец: Он посадил Буратино на **колени** / ~~коленей~~, вынул из ~~карман~~ / **кармана** луковицу, очистил.

1. Буратино вытащил нос и поглядел в дырку — за **холст** / **холстом** в стене было что-то похожее на небольшую дверцу, но там было так затянуто **паутиной** / **паутину**.

2. Буратино совсем не хотелось в такой весёлый день при всём народе торчать ногами кверху из кармана куртки — он ловко вывернулся, упал на мостовую и притворился **мёртвого** / **мёртвым**.

3. На занавесе были нарисованы танцующие человечки, девочки в **чёрных масках** / **чёрные**

141

маски, страшные бородатые люди в колпаках со звёздами, солнце, похожее на **блин / блине** с носом и глазами, и другие занимательные картинки.

4. Хозяин выбежал навстречу **гостей / гостям**, сорвал с головы шапочку и низко кланялся, прося зайти.

5. Отвести его за город и утопить в **пруд / пруду**!

6. Сыщики подхватили его, потащили за город и с моста бросили в **глубокий грязный пруд / глубоком грязном пруду**, полный лягушек и пиявок.

7. Если ты мне поможешь отыскать Мальвину, я тебе открою тайну **золотому ключику / золотого ключика**.

8. Тотчас же по **одеяле / одеялу** на кровать взобралась белая мышь, она держала кусочек сахару.

9. Тарелочку **овсяную кашку / овсяной кашки** да косточку с мозгом, — простонал Артемон.

2. Выберите глагол несовершенного или совершенного вида, неправильный вариант зачеркните.

Образец: В комнате стало **темнеть / потемнеть**.

1. Неплохая вещь, — сказал сам себе Джузеппе, — можно **делать / сделать** из него ножку для стола.

2. Когда куклы **приносили / принесли** Буратино и **бросали / бросили** на пол у очага, синьор Карабас Барабас мешал кочергой угли.

3. Вдруг Буратино **видел / увидел** красивую лужайку и посреди неё — маленький, освещённый луной домик в четыре окошка.

4. Буратино сел **ждать / подождать**, когда вырастет дерево.

5. Буратино **влезал / влез** внутрь глиняного кувшина и затих.

6. Сильными прыжками пинчеры начали **подниматься / подняться**.

7. Больную собачку-пуделя, синьор Карабас Барабас, вы мне **отдавайте / отдайте**, я её брошу в пруд пиявочкам, чтобы мои пиявочки разжирели.

8. Лиса Алиса **уползала / уползла** в густую траву и **убегала / убежала**.

9. Пока Карабас Барабас с ним **спорил / поспорил**, папа Карло, торопливо стуча палкой по плитам мостовой, подошёл к дому, где он жил.

10. Он увидел, как последние из его актёров **убегали / убежали** через лужи в новый театр, где весело **играла / сыграла** музыка, **смеялись / посмеялись**, **хлопали / захлопали** в ладоши.

3. Выберите правильный вариант употребления глаголов движения с приставками, неправильный вариант зачеркните.

Образец: Хозяин, низко кланяясь, **вышел / ~~перешёл~~** им навстречу.

1. Он **подбежал / убежал** к очагу и сунул нос в кипящий на огне котелок.

2. Рано утром Буратино положил азбуку в сумочку и **вбежал / побежал** в школу.

3. Видишь — лежит на верстаке превосходное полено, — возьми ты это полено, Карло, и **отнеси / поднеси** домой.

4. Улицу **обходил / переходил** полосатый кот Базилио, которого можно было схватить за хвост.

5. Чем ближе он **уходил / подходил** к школе, тем громче на берегу Средиземного моря играла весёлая музыка.

6. Они **убегали / пробегали** мимо пруда, остановились попить, и я слышала, как они хвастались, что выкопали твои деньги.

7. На краю неба появился зеленоватый свет — **всходила / уходила** луна.

8. После этого они разделили монеты поровну и в ту же ночь **ушли / вошли** из города.

9. Бульдоги теперь по-настоящему разозлились, **побежали / забежали** за Артемоном, готовые лучше умереть, но добраться до горла пуделя.

10. Ничего, не огорчайся, — сказал Карло, — вечером я **схожу / войду, внесу / принесу** твои вещи.

4. Определите, где нужно употребить глагол с постфиксом -ся (-сь), неправильный вариант зачеркните.

Образец: Три раза ударили в колокол, и занавес ~~поднял~~ / **поднялся**.

1. Давай помиримся…Старики ~~поцеловали~~ / **поцеловались**.

2. Сунув нижнюю часть бороды в карман, чтобы не мешала, он сел перед очагом, где на вертеле **жарили / жарились** целый кролик и два цыплёнка.

3. Буратино влез на вершину дерева, **раскачал / раскачался** и перепрыгнул на соседнее дерево.

4. Трава на поляне, лазоревые цветы **покрыли / покрылись** капельками росы.

5. На кухне всё тряслось, дребезжали стёкла, **качали / качались** сковороды и кастрюли на гвоздях.

6. Стали собираться прохожие, глядели на лежащего Буратино, **качали / качались** головами.

7. Наконец мучительный завтрак **окончил / окончился**.

8. Арлекин и Пьеро отвели Буратино в кукольную спальню, где куклы опять начали **обнимать / обниматься** Буратино, который так непонятно избежал страшной гибели в очаге.

9. Папа Карло, прежде всего **займите / займитесь** больной собакой. Мальчики, немедленно **мыть / мыться**...

10. Ничего, не **огорчай / огорчайся**, — сказал Карло, — вечером я схожу, принесу твои вещи.

5. Выберите правильный вариант глагола статики или динамики. Неправильный вариант зачеркните.

Образец: **Посадил /** ~~Сидел~~ Буратино на колени, вынул из кармана луковицу, очистил.

1. Джузеппе **сел / сидел** на пол: он догадался, что тоненький голосок шёл изнутри полена.

2. На этом окончив работу, **поставил / стоял** деревянного мальчишку на пол, чтобы научить ходить.

3. **Сидеть / Садиться** бы тебе дома да хорошо учиться!

4. Около входа **ставила / стояла** большая толпа — мальчики и девочки, солдаты, продавцы лимонада, пожарные, почтальоны, — все, все читали большую афишу.

5. Наутро из ямки вырастет небольшое дерево, на нём вместо листьев будут **висеть / вешать** золотые монеты.

6. На перекрёстке **стоял** / **ставил** огромный полицейский с закрученными усами и в треугольной шляпе.

7. Он кинулся к муравейнику, лаем разбудил всё население и послал четыреста муравьёв перегрызть верёвку, на которой **вешал** / **висел** Буратино.

8. На узлы **посадил** / **сидел** Мальвину, одетую в хорошенькое дорожное платье.

9. Карабас Барабас так и остался **садиться** / **сидеть** в луже под дождём.

6. Выберите правильный вариант употребления союза, союзного слова, неправильный вариант зачеркните.

Образец: Голос у сверчка был старый и слегка обиженный, ~~поэтому~~ / **потому что** Говорящему Сверчку в своё время всё же попало по голове молотком.

1. **Когда** / **Пока** доктор кукольных наук начинал чихать, то уже не мог остановиться и чихал пятьдесят, а иногда и сто раз подряд.

2. Звери, птицы и некоторые из насекомых очень полюбили Мальвину — должно быть, **поэтому** / **потому, что** она была воспитанная и кроткая девочка.

3. Не нужно забывать, что Буратино был деревянный и **поэтому** / **потому что** не мог утонуть.

4. **Если** / **Хотя** полицейские собаки приведут сюда Карабаса Барабаса — мы погибли.

5. **Так как** / **Если** бы ты был добрым, хорошим директором театра, я бы тебе, так и быть, отдал маленьких человечков.

7. Выберите правильный вариант употребления неопределённых местоимений, неправильный вариант зачеркните.

Образец: Но только он начал строгать, ~~чей-нибудь~~ / **чей-то** необыкновенно тоненький голосок пропищал.

1. **Когда-то / Когда-либо** Карло в шляпе с широкими полями ходил с прекрасной шарманкой по городам и пением и музыкой зарабатывал на жизнь.

2. Повиси, дружок, до вечера, — сказали они и пошли искать **какую-нибудь / какую-то** придорожную харчевню.

3. **Позови кого-то / кого-нибудь**, Артемон! — сказала девочка.

4. Они далеко не могли убежать. Они **кое-где / где-нибудь** здесь, в лесу.

5. Э-хе-хе, — ответил Карло, — тяжело будет, ну да уж **как-нибудь / кое-как** донесу вашего пёсика.

6. Вдруг там **что-то / что-нибудь** зашипело, упало, покатилось, и донёсся его жалобный голос.

7. Буратино вытащил нос и поглядел в дырку — за холстом в стене было **что-нибудь / что-то** похожее на небольшую дверцу, но там было так затянуто паутиной, что ничего не разобрать.

8. От данных прилагательных образуйте существительные. Составьте со словами словосочетания.

Образец: Бедный — бедность
Злой — ...
Глупый — ...

Старый — ...
Бледный — ...
Опасный — ...
Усталый — ...
Необходимый — ...
Несправедливый — ...

9. Выполните задание по образцу.
Образец: Город — городок

А.
Топор — ...
Голос — ...
Кулак — ...
Палец — ...
Нос — ...
Сумка — ...
Дом — ...
Песок — ...
Цветы — ...

Б.
1. Расскажите о Буратино, используя существительные с уменьшительно-ласкательным суффиксом.
2. Расскажите о доме, в котором жила Мальвина, используя существительные с уменьшительно-ласкательным суффиксом.

10. От каких глаголов образованы данные существительные? Придумайте примеры с этими словами.
Образец: Испытание — испытать

Воспитание — ...
Чихание — ...
Рычание — ...

11. Выполните задание по образцу.

Образец: Безбилетный пассажир — пассажир без билета

Беспаспортный гражданин — ...
Безработный человек — ...
Безногий стол — ...
Бесшумные движения — ...

12. Подберите и запишите однокоренные слова. Придумайте свои примеры с этими словами.

Образец: Школа — школьный, школьник

Шарманка — ...
Кукла — ...
Театр — ...
Друг — ...

13. Подберите синонимы к словам.

Образец: Бедный = несчастный

А.

Пустяковый = ...
Полный = ...
Ужасный = ...
Пожилой = ...
Слепой = ...
Глупый = ...
Доверчивый = ...

Слова для справок: бестолковый, нетрудный, толстый, наивный, страшный, старый, незрячий.

Б.

Мастерить = ...
Глядеть = ...
Схватить = ...

Огорчаться = …
Торопиться = …

Слова для справок: поймать, расстраиваться, делать, смотреть, спешить.

14. Подберите антонимы к словам.

Образец: Старый ≠ новый

А.

Тонкий ≠ …
Широкий ≠ …
Злой ≠ …
Длинный ≠ …
Весёлый ≠ …
Громкий ≠ …
Полный ≠ …
Бедный ≠ …

Слова для справок: богатый, грустный, добрый, короткий, тихий, толстый, худой, узкий.

Б.

Мириться ≠ …
Смеяться ≠ …
Открыть ≠ …
Огорчаться ≠ …

Слова для справок: закрыть, плакать, радоваться, ссориться.

15. Зачеркните лишнее слово в каждом ряду. Объясните свой выбор.

Образец: Таракан   кузнечик   ~~азбука~~   сверчок
Дерево   стекло   бумага   театр
Нога   дорога   рука   тело
Стул   стол   билет   кровать

Крот мышь страна лягушка
Пруд куртка платье шапка
Флейта скрипка пещера барабан
Сковорода кофейник кастрюля шишка
Печенье конфеты ключ пирожное
Золото какао молоко вино

16. Заполните пропуски в тексте. Выберите нужное слово. Используйте слова для справок.

А.

Больше всего на свете я люблю страшные … ! — крикнул Буратино. — Завтра же рано утром убегу из дома — буду лазить по …, разорять птичьи …, дразнить …, таскать за … собак и кошек.

Слова для справок: гнёзда, заборы, мальчишки, приключения, хвосты.

Б.

Вспыхнули уличные фонарики. На сцене была городская площадь. Двери в домах раскрылись, … маленькие человечки, … в игрушечный трамвай. Трамвай … в боковую улицу между высокими домами.

… велосипедист на колёсах не больше блюдечка для варенья.

Мороженщик … через площадку тележку с мороженым. На балкончики домов … девочки и замахали ему, а мороженщик развёл руками и сказал:

— Всё съели, … в другой раз.

Слова для справок: выбежать, полезть, проехать, приходить, прокатить, укатиться.

17. Покажите стрелкой, какому животному соответствует глагол, обозначающий звук, издаваемый этим животным. Выполните задание по образцу. Придумайте примеры, используя слова для справок.

Образец: В деревне петухи кукарекали рано утром.

Кто?	что делает?
петух	кудахчет
лиса	гогочет
гусь	тявкает
лягушка	квакает
курица	кукарекает

Слова для справок: во дворе, в курятнике, в лесу, на болоте, в деревне.

18. Заполните таблицу. Используйте слова для справок.

Что делать?	Чем?
Строгать	
Мешать угли	
Вырезать (из полена куклу)	
Склеить (одежду из бумаги)	
Грозить куклам	

Слова для справок: клей, плётка, топорик, кочерга, ножик.

19. Заполните таблицу «Междометия и звукоподражательные слова». Используйте слова для справок.

Какие чувства выражают междометия и звукоподражательные слова? Какие звуки воспроизводят?

Приведите примеры из книги; придумайте свои примеры с этими словами.

Апчхи!	чихание
Хи-хи-хи!	
Ха-ха-ха!	
Ой, ой!	
Ох, ох!	
Ай-ай!	
Браво!	

Слова для справок: смех, радость, восхищение, боль, страх.

20. Прочитайте план текста и продолжите его. Перескажите рассказ по плану.

1. Однажды столяру Джузеппе попалось говорящее полено. Он предложил своему другу Карло сделать из этого полена куклу, научить её петь и танцевать и так зарабатывать себе на жизнь.

2. Папа Карло сделал из полена куклу и назвал её Буратино, купил мальчику азбуку и отправил его в школу.

3. По дороге в школу Буратино услышал музыку из кукольного театра, продал свою азбуку, купил билет и пошёл на представление в кукольный театр.

4.
5.
6.

21. Расскажите эту историю от лица папы Карло; директора кукольного театра Карабаса Барабаса; черепахи Тортилы; продавца пиявок Дуремара; лисы Алисы.

22. Вспомните героев сказки «Золотой ключик, или Приключения Буратино». Назовите положительных и отрицательных героев. В рассказе используйте следующие слова и выражения:

- непослушная кукла, которую шарманщик Карло вырезал из дерева;
- шарманщик, бедный пожилой человек, который вырезал Буратино из полена;
- кукла, девочка с голубыми волосами, опрятная, воспитанная;
- поэт, влюблённый в Мальвину;
- столяр, друг шарманщика Карло;
- пудель, преданный друг Мальвины;
- обитательница пруда, которая отдала Буратино золотой ключик;
- предсказатель судьбы Буратино;
- доктор кукольных наук, владелец кукольного театра;
- продавец лечебных пиявок;
- мошенница;
- мошенник.

23. Давайте обсудим.

1. Как вы думаете, чему учит сказка «Золотой ключик, или Приключения Буратино»?

2. К чему может привести доверие к малознакомым людям? Аргументируйте свою точку зрения примерами из сказки.

3. Согласны ли вы с мнением, что добро всегда побеждает зло? Приведите примеры из сказки.

4. В сказке постоянно напоминают о пользе учёбы. Как вы думаете, почему это так важно?

5. Есть мнение, что сказка «Золотой ключик, или Приключения Буратино» учит дружить, не бросать друзей в трудной ситуации. Докажите эту мысль примерами из текста.

6. Сказку «Золотой ключик, или Приключения Буратино» неоднократно экранизировали. Посмотрите рисованный мультфильм 1959 года или телевизионный фильм 1975 года. Сравните содержание сказки и экранизации.

24. Прочитайте отзыв на сказку «Буратино». Напишите свой отзыв.

Павел Кузнецов

Мне очень понравилась сказка о деревянном мальчике Буратино, который нашёл кукольный театр и подарил его всем детям. Буратино не сразу стал примерным мальчиком. Сначала он нагрубил папе Карло, обидел Говорящего Сверчка, не пошёл в школу, а подружился с мошенниками: лисой Алисой и котом Базилио, которые обещали Буратино много-много денег, если он посадит золотые монеты на Поле Чудес в Стране Дураков. Но вскоре мальчик понял, кто его настоящие друзья. Это были куклы из театра Карабаса Барабаса: Мальвина с пуделем Артемоном, поэт Пьеро, весёлый Арлекино, старый отец Буратино — шарманщик Карло. Вместе друзья получили золотой ключик, который был у черепахи Тортилы, нашли потайную дверь в театр, которая находилась за нарисованным на холсте очагом в каморке Карло. Я советую всем прочитать эту сказку об увлекательных приключениях Буратино и его друзей, об их неудачах и победах, которые в конце концов победили зло.

Контрольная матрица

1	**А**	Б	В
2	А	**Б**	В
3	А	Б	**В**
4	**А**	Б	В
5	**А**	Б	В
6	А	Б	**В**
7	А	Б	**В**
8	А	**Б**	В
9	А	**Б**	В
10	**А**	Б	В
11	А	Б	**В**

12	А	**Б**	В
13	А	Б	**В**
14	А	**Б**	В
15	А	**Б**	В
16	А	Б	**В**
17	**А**	Б	В
18	А	**Б**	В
19	**А**	Б	В
20	А	Б	**В**
21	А	**Б**	В
22	А	**Б**	В

КЛАСС!ное чтение

Книги для чтения
с заданиями
для изучающих русский язык как иностранный

В серии «Класс!ное чтение» вышли книги:

A1 Житков Б.С. О людях и животных

A2 Куприн А.И. Слон
Суслин Д. Валентинка
Суслин Д. Цирк приехал
Бокова Т. Истории о животных
Распутин В.Г. Уроки французского
Тургенев И.С. Ася
Зощенко М.М. Рассказы для детей
Кашура А. Мечтай, Марсель, мечтай
Крюкова Т. Как волк хвост продавал
Борода Е. Город на блюдечке
Вербовская А. Культурный обмен
Лавряшина Ю. Новогоднее преступление
Лавряшина Ю. Маска Макса

B1 Куприн А.И. Белый пудель
Куприн А.И. Олеся
Куприн А.И. Гранатовый браслет
Погорельский А. Чёрная курица, или Подземные жители
Грин А.С. Алые паруса
Казаков Ю. Голубое и зелёное
Беляев А.Р. Человек-амфибия
Толстой Л.Н. Анна Каренина
Беринг Т. Волонтёры
Бунин И.А. Солнечный удар и другие рассказы
Крюкова Т. Человек нового типа
Крюкова Т. Дневник Кото-сапиенса, или Кота Разумного
Емец Д. Подвиг во имя любви
Емец Д. Тайна из глубины веков
Емец Д. Подарок из космоса
Чёрный С. Дневник фокса Микки
Чехов А.П. Добрый немец
Чехов А.П. Мои жёны

Чехов А.П. Рассказы о любви
Тургенев И.С. Первая любовь
Гоголь Н.В. Нос
Пушкин А.С. Дубровский
Пушкин А.С. Метель. Выстрел
Лермонтов М.Ю. Герой нашего времени. Бэла

B2

Шмелёв И.С. Мой Марс
Достоевский Ф.М. Преступление и наказание
Достоевский Ф.М. Белые ночи
Гончаров И.А. Обломов
Гоголь Н.В. Портрет
Тынянов Ю.Н. Подпоручик Киже
Аверченко А.Т. Знаток женского сердца
Горький М. Рассказ об одном романе
Андреев Л.Н. Два письма
Салтыков-Щедрин М.Е. Сказки для взрослых

C1

Толстой Л.Н. Отец Сергий
Толстой А.К. Встреча через триста лет
Достоевский Ф.М. Скверный анекдот
Достоевский Ф.М. Сон смешного человека

ПО ВОПРОСАМ ПРИОБРЕТЕНИЯ КНИГ ОБРАЩАТЬСЯ ПО АДРЕСУ:
107078, г. Москва, ул. Новая Басманная, д. 19, стр. 2
Тел./факс: +7(499) 261-54-37; тел.: +7(499) 261-12-26
e-mail: rusyaz_kursy@mail.ru; ruskursy@mail.ru;
ruskursy@gmail.com; rkursy@gmail.com
Сайт издательства: www.rus-lang.ru

Учебное издание

12+

Толстой Алексей Николаевич

ЗОЛОТОЙ КЛЮЧИК, ИЛИ ПРИКЛЮЧЕНИЯ БУРАТИНО

Книга для чтения с заданиями
для изучающих русский язык как иностранный

Редактор *Н.А. Еремина*
Корректор *О.Ч. Кохановская*
Вёрстка *А.В. Лучанская*

Подписано в печать 31.03.2021. Формат 60×90/16
Объём 10 п.л. Тираж 300 экз. Зак. 1853

Издательство ООО «Русский язык». Курсы
125047, г. Москва, Новая Басманная ул., д. 19, стр. 2
Тел./факс: +7 (499) 251-08-45, тел.: +7 (499) 250-48-68
E-mail: russky_yazyk@mail.ru; ruskursy@gmail.com; rkursy@gmail.com;
Сайт издательства: www.rus-lang.ru

Все права защищены. Книга или любая её часть не может быть скопирована, воспроизведена в электронной или механической форме, в виде фотокопии, записи в память ЭВМ, репродукции или каким-либо иным способом, а также использована в любой информационной системе без получения разрешения от издателя. Копирование, воспроизведение и иное использование книги или её части без согласия издателя является незаконным и влечёт уголовную, административную и гражданскую ответственность.

Отпечатано в типографии ООО "ПКФ "Союз-пресс"
150062, г. Ярославль, пр-д Доброхотова, 16-158. Тел.: (4852) 58-76-33, 58-76-39